거절당하기 연습

거절당하기 연습

초판 1쇄 발행 2017년 01월 24일
초판 10쇄 발행 2025년 02월 10일

지은이 지아 장 / **옮긴이** 임지연
펴낸이 조기흠
총괄 이수동 / **책임편집** 이건진 / **기획편집** 박의성, 최진, 유지윤, 이지은
마케팅 박태규, 임은희, 김예인, 김선영 / **제작** 박성우, 김정우 / **디자인** 석운디자인

펴낸곳 한빛비즈(주) / **주소** 서울시 서대문구 연희로2길 62 4층
전화 02-325-5506 / **팩스** 02-326-1566
등록 2008년 1월 14일 제 25100-2017-000062호

ISBN 979-11-5784-168-4 13320

이 책에 대한 의견이나 오탈자 및 잘못된 내용은 출판사 홈페이지나 아래 이메일로 알려주십시오.
파본은 구매처에서 교환하실 수 있습니다. 책값은 뒤표지에 표시되어 있습니다.

⌂ hanbitbiz.com ✉ hanbitbiz@hanbit.co.kr facebook.com/hanbitbiz
 post.naver.com/hanbit_biz youtube.com/한빛비즈 instagram.com/hanbitbiz

---

REJECTION PROOF: How I Beat Fear and Became Invincible Through 100 Days of Rejection
Copyright ⓒ 2015 Jia Jiang
All rights reserved.
Korean translation copyright c 2017 by HanBit Biz, Inc.
This translation published by arrangement with Harmony Books, an imprint of the Crown Publishing Group,
a division of Penguin Random House LLC through EYA(Eric Yang Agency)

이 책의 한국어판 저작권은 EYA(Eric Yang Agency)를 통해 The Crown Publishing Group과 독점계약한 한빛비즈(주)
에 있습니다.
저작권법에 의해 한국 내에서 보호를 받는 저작물이므로 무단전재와 복제를 금합니다.

지금 하지 않으면 할 수 없는 일이 있습니다.
책으로 펴내고 싶은 아이디어나 원고를 메일(hanbitbiz@hanbit.co.kr)로 보내주세요.
한빛비즈는 여러분의 소중한 경험과 지식을 기다리고 있습니다.

거절당하기 연습

100번을 거절당하니 실패가 두렵지 않았다

지아 장 지음 | 임지연 옮김

한빛비즈

서문
한국의 독자들에게

'꿈'은 오늘날 세계에서 가장 흔하게 사용되는 단어입니다. 꿈을 가져야 인생을 의미 있게 살아갈 수 있다는 사실은 누구나 알고 있지요. TV를 켜고, 잡지를 펼치고, 인터넷에 접속만 해도 수많은 성공 사례들을 볼 수 있습니다. 그런데 어째서 대부분의 사람은 자신의 꿈이 이미 현실과 멀어졌다고 생각하는 걸까요?

그것은 꿈을 추구하는 과정에서 수많은 거절과 실패를 맞닥뜨렸기 때문입니다. 당신은 가족들의 오해, 나를 잘 알지 못하는 이들의 의심, 세상의 거절을 겪었습니다. 그리고 대부분은 금세 포기해버렸습니다. 다른 사람이 아닌 바로 자기 자신이 당한 거절은 이 세상에서 가장 큰 충격입니다. 우리는 본인이 포기하고 있다는 사실을 미처 깨닫지도 못한 채 계속해서 포기해 버리지요. 거절의 공포 때문에 새로운 일을 시도할 엄두조차 내지 못하는 것입니다.

아시아에서 자라 수줍음 많고 내성적인 아이였던 저는 어린 나이에 꿈을 좇아 미국에 왔습니다. 낯선 이국땅에서 셀 수 없이 많이 거절당하고 난관에 부딪쳤지요. 당황하고 두려워진 저는 포기하고 싶었습니다.

하지만 거절당하는 걸 피하는 대신 오히려 쫓아다녔습니다. 그러자 모든 거절의 이면에 숨어 있던 진실과 놀라운 기적을 발견하게 되었습니다. 사업가를 꿈꾸던 사람이 블로그에 글을 올리고, 그 덕분에 책을 쓰고 전 세계를 대상으로 강연하기까지, 모든 것은 거절에서 비롯되었습니다. 나 자신을 계속해서 거절에 노출한 덕분에 거절을 두려워하지 않게 되었고, 오히려 거절을 꿈을 향해 나아갈 원동력으로 삼을 수 있었습니다.

이 책을 통해 지금껏 여러분이 겪은 거절 뒤에 숨어 있었던 기회를 발견하기 바랍니다. 인생을 살면서 반드시 겪게 되는 것들이 많습니다. 거절이 바로 그중 하나이지요. 용기 내어 마음을 열고 거절을 향해 다가가세요. 거절을 긍정적으로 이용하면 여러분의 인생이 얼마나 멋지게 변할까요?

여러분의 멋진 인생 찾기를 응원합니다!

지아 장

프롤로그

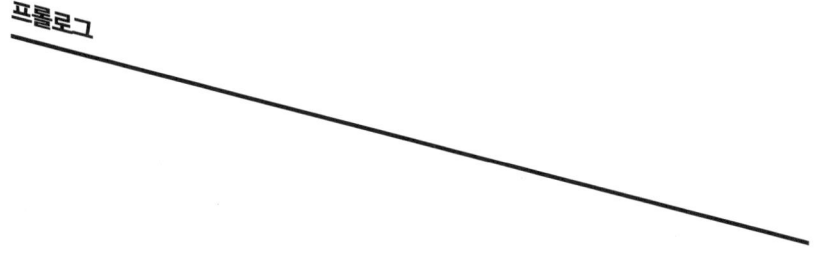

2012년 11월 18일 텍사스 주 오스틴. 이상하리만치 더운 오후였다. 하지만 내가 땀을 쏟는 것은 날씨 때문만은 아니었다. 나는 먼지투성이 라브4를 몰고 오스틴 북서부 교외의 한 마을을 어슬렁거리며 문을 두드릴 집을 찾고 있었다. 용기가 나지 않아 이미 수백 개의 현관을 지나친 터였다. 문을 두드리려고만 하면 모든 집들이 무서워 보였다.

"그래, 용기를 내는 거야." 나는 혼잣말을 중얼거리고, 용기를 내서 1층 집 앞에 차를 세웠다. 정원이 멋진 붉은 벽돌집이었다. 화단에는 작고 예쁜 십자가가 있었다. 이 십자가가 이 집에 사는 사람들이 KKK단원이 아닌 평범한 교회에 다니는 평화로운 가족이라는 뜻이기를 간절히 바랐다. 뭐가 됐든, 일요일 오후에 폭력을 휘두르는 사람은 아니기를!

누군가 커튼 사이로 차에서 내리는 나를 보고 이상하게 여기지는 않을까 걱정됐다. 다 큰 남자가 축구화를 신고 무릎에는 보호대를 차고, 한 손에는 축구공, 다른 손에는 아이폰을 들고 동영상 촬영을 하고 있으니 그럴 법도 했다.

"이번에는 다소 위험한 도전을 해보겠습니다. 아무 집이나 찾아가 뒷마당에서 축구를 해도 될지 물어볼 거니까요. 자, 무슨 일이 벌어질까요." 나는 핸드폰에 대고 말했다.

두근거리는 마음을 다잡으며 현관으로 걸어갔다. 바스락, 축구화가 죽은 낙엽을 밟자 가까운 나무에 앉은 까마귀들이 울었다. 뭔가 불길했다. 공포 영화가 처음에 이렇게 시작하지 않나? 세상에서 가장 긴 길을 걷는 느낌이었다.

마침내 현관 앞에 도착해 조심스럽게 문을 두드렸다. 쾅쾅 두드리면 내 인상이 나빠질 테니 말이다. 아무 반응이 없었다. 좀 더 세게 두드렸다. 여전히 반응이 없었다. 그제야 초인종을 발견하고 눌렀다. 잠시 후 문이 열렸다.

가슴에 텍사스 기旗가 그려진 회색 티셔츠를 입은 40대가량의 남자가 얼굴을 내밀었다. 그의 어깨너머로 거실에서 미식축구 중계방송 속 캐스터의 목소리와 관중들의 응원 소리가 들려왔다. 막 댈러스 카우보이스와 클리블랜드 브라운스의 경기가 연장전으로 치닫고 있을 때였다. 나중에 안 그의 이름은 스콧, 대다수의 텍사스 사람들처럼 댈러스 카우보이스의 열렬한 팬이다.

"안녕하세요." 나는 용기를 끌어모아, 최대한 느릿느릿하게 텍사스 말투를 흉내 내며 인사했다. "뒷마당에서 제가 축구하는 사진을 찍을 수 있을까요?"

남자가 잠깐 눈을 찌푸리고는 내 축구화를 흘낏 보았다.

"내 집 뒷마당에서 축구를 하겠다는 말이오?" 그가 느릿느릿 내 말을 되풀이했다.

"그게, 제가 특별한 프로젝트를 하고 있는데요." 내가 대답했다.

1초가 1분처럼 느리게 느껴졌다. 카우보이스의 팬은 나를 빤히 보며 입을 열었다.

차례

- 한국의 독자들에게 · 5
- 프롤로그 · 7

1장 태어나서 처음 맞닥뜨린 진짜 거절 ___ 15

2장 100일 거절 프로젝트를 시작하다 ___ 33

실험 1일째, 경비원에게 100달러를 빌리다
실험 2일째, 공짜 햄버거를 요구하다
실험 3일째, 특별한 도넛을 주문하다
실험 4~6일째, 모르는 사람 집 뒷마당에서 축구를 하다

3장 거절을 당해보며 느낀 것들 ___ 57

토크쇼 진행자가 내 아들에게 노래를 불러주다
만약에 사람들이 한 걸음 더 내딛는다면

4장 우리는 왜 거절이 두려울까 ___77

거절과 실패의 결정적 차이
거절을 당하면 실제로 몸이 아프다
거절의 두려움이 인생을 방해한다면
비행기에서 안전 수칙 안내하기
애견미용실에서 머리 자르기

5장 거절의 새로운 모습을 보다 ___101

일일 직장 구하기
거절은 상호 작용이다
거절은 의견에 불과하다
낯선 이에게 사과 나눠주기
거절에는 횟수가 있다
◆ 교훈

6장 포기하지 않는 것의 힘 ___119

다른 사람의 마당에 꽃 심기
오후에 맥도널드에서 아침 메뉴 주문하기
내 취향에 딱 맞는 아이스크림 만들기
포기하지 말고 전환하라
◆ 교훈

7장 YES를 잘 받아내는 법 ___ 137

지나가는 사람에게 5달러 주기와 낯선 이와 사진 찍기
'나'로 시작하라
미용사의 머리 자르기
의심을 인정하라
스타벅스에서 손님 맞이하기
대학에서 강의하기
◆ 교훈

 ## 8장 단호하게 NO라고 말하는 법 ___ 161

퍼스널트레이너와 서비스 교환하기
인내와 존중하는 마음을 가져라
단도직입적으로 말하라
코스트코에서 구내방송하기
◆ 교훈

 ## 9장 거절에도 좋은 점이 있다 ___ 181

동기 부여
길거리에서 모금하기
거절당할 가치
길거리에서 연설하기
◆ 교훈

10장 모든 일에 의미를 찾아라 —207

워싱턴DC를 웃게 하라
공감이 주는 힘
걸인을 인터뷰하다
여성 보디빌더를 인터뷰하다
사명감을 찾아라
◆ 교훈

11장 결국 자기 자신의 문제다 —231

비행기를 조종하다
정말 필요한 건 자기 자신의 승낙이다
◆ 교훈

12장 끝까지 해내는 힘 —249

최악의 세일즈맨이 되다
결과를 따로 떼어 생각하기
오바마 인터뷰하기부터 구글에 취업하기까지
◆ 교훈

◆ **에필로그** · 269
◆ **부록** · 272

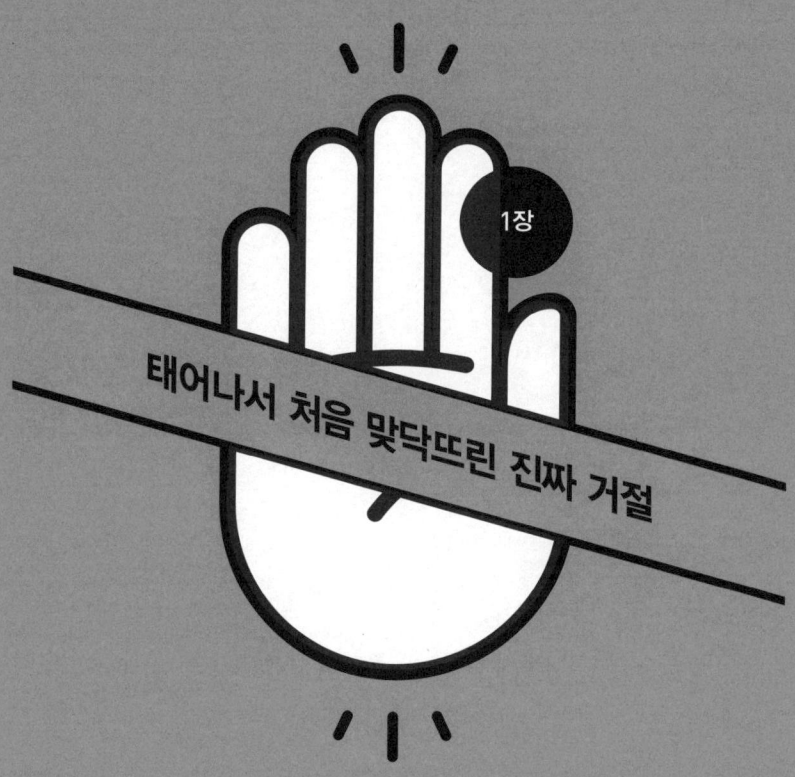

여러분은 내가 왜 남의 집 문간에 서있으며, "특별한 프로젝트"란 건 대체 무엇인지 궁금할 것이다. 새로운 영업 방식인가? 담력 테스트인가? 심리학 실험? 이 중 아무것도 아니다. 나는 거절당하는 두려움을 극복하기 위한 100일 프로젝트를 하고 있다. 이 프로젝트를 하면서 새로운 시각으로 인간을 바라보게 됐고, 어떤 상황에 닥쳐도 더 효과적으로 대처하게 됐다. 계속 거절당하면서 '거절' 그 자체, 나아가 내 주변의 세상까지 전혀 다른 눈으로 바라보게 됐다. 이 경험은 내 인생을 바꿨다. 내 도전기를 읽는 여러분도 인생이 바뀌기를 바란다.

아까의 이야기를 이어가기에 전에 이 프로젝트의 출발점으로 거슬러 올라가겠다.

2012년 7월 4일, 막 해가 진 저녁이었다. 동네 공원에는 수천 명의 사람들이 불꽃놀이를 기다리고 있었다. 아내 트레이시는 담요를 덮고 내 옆에 앉아 배를 쓰다듬었다. 우리의 첫아이를 임신한 지 8개월째였다. 우리 주

위에서는 아이들이 원반을 던지거나 아이스크림을 먹으며 뛰놀고, 가족들은 바구니를 펼쳐놓고 소풍을 즐겼다. 공원에는 맥주병이 쨍그랑 부딪치는 소리와 웃음소리로 가득했다. 모두 여름날의 즐거움을 만끽하는 듯 행복해 보였다.

나만 빼고 말이다.

여러모로 나의 삶은 아메리칸드림을 이룬 듯 보였다. 직장은 포천fortune지에서 선정한 '미국 상위 500대 기업'에다, 연봉도 여섯 자릿수를 넘었다. 이제 막 서른을 넘긴 나이에 말이다. 연못이 있는 주택에, 점보라는 이름의 골든레트리버도 한 마리 키웠다. 골든레트리버야말로 전형적인 미국 교외의 중산층 가정의 반려동물 아닌가. 그리고 이제 몇 주 뒤, 첫아들이 태어날 것이다. 무엇보다 아내와 나는 주변에서 놀랄 정도로 사이가 좋아서, 이렇게 멋진 여자에게 사랑받아 정말 행운이라는 생각을 매일 했다. 뭐 하나 부족하지 않은 완벽한 환경이었다. 하지만 나는 굉장히 우울했다. 이 우울함은 내 일 때문이었다.

나는 중국 베이징에서 자랐다. 당시 모든 학생은 장차 국가 발전의 기틀이 되는 모범 노동자가 돼야 한다는 교육을 받았다. 하지만 나는 중국에서든 어디서든, 모범 노동자 같은 건 되고 싶지 않았다. 나는 어렸을 때부터 사업가가 되고 싶었다. 다른 아이들이 운동이나 비디오 게임을 할 때, 나는 토머스 에디슨이나 파나소닉의 창립자 마쓰시타 고노스케의 전기를 읽으며 위대한 혁신가가 되는 길을 찾으려 했다. 열네 살 때, 베이징에 처음 방문한 빌 게이츠를 보았다. 그때 마이크로소프트 창업기에 매료돼, 내 방 벽을 가득 채운 스포츠 스타들의 포스터를 찢어버리고 사업가로 성공하는 걸 인생의 목표로 삼았다. 세상을 깜짝 놀라게 할 기술을 만들어 제2의 빌 게이츠가 되리라! 나는 부모님을 조르고 졸라 최신 컴퓨터를 샀고 프로그래밍을 독학했다. 심지어 내 회사가 엄청나게 성공해서 스물다섯 살에는 마이크로소프트를 인수할 거라고 호언장담하는 편지를 가족들에게 쓰기도 했다(이 편지는 아직도 갖고 있다). 할리우드 영화의 화려한 모습과 빌 게이츠가 살고 있다는 사실 때문에 나는 미국에 건너가기만 하면 내 운명적인 목표가 이루어질 것이라고 믿었다.

열여섯 살 때 미국 고등학교에 교환학생으로 가게 되고, 미국 대학으로 진학할 기회를 얻고는 뛸 듯이 기뻤다. 하지만 적응하기까지 너무나 힘겨웠다. 언어와 문화의 장벽을 극복하기 어려웠고, 사랑하는 가족들과 떨어져 지내 서글펐다. 설상가상 환경도 좋지 않았다. 미국에 온 첫해는 많고 많은 곳 중 루이지애나 주의 시골 동네에서 살게 됐는데, 교환학생 프로그램을 주관한 단체에서 내가 홈스테이할 곳의 조사를 설렁설렁한 탓에 집 떠나 지내는 첫 집으로 무시무시한 범죄자의 집에 배정되고 말았다. 나는 1년 전에 살인으로 유죄 판결을 받은 큰아들의 침대에서 잤다. 더 끔찍한 일은 내가 도착한 지 이틀 뒤 그 집 부부가 내 돈을 죄다 훔친 것이었다.

살인자의 침대에서 잠을 자고 가진 돈마저 죄다 잃다니! 내가 기대했던 미국 생활은 이런 게 아니었다. 나를 보호하고 응원해준 가족의 품을 떠나자마자, 내 믿음을 산산조각 내는 사람들과 지내게 된 것이다. 두려웠다. 내가 뭘 해야 할지 몰랐다. 결국 나는 홈스테이 가족의 도둑질을 학교 관리자에게 보고했고, 그는 경찰에 신고했다. 홈스테이 가족은 체포됐다. 당황한 교환학생 프로그램 관계자들은 나를 다른 집으로 보내줬다. 다행히도 이번에는 훌륭한 가정이었다. 그곳에서 나는 다시금 사랑과 신뢰를 느끼고 믿음을 회복했다. 세상에는 좋은 사람과 나쁜 사람이 있으며 이 새로운 가족은 나를 대하는 방식이 첫 가족과 완전히 다르다는 것을 깨달았다.

이런 불안한 출발 속에서 미국에서 사업가가 되겠다는 내 꿈은 점점 강해졌다. 실패가 두렵진 않았다. 실패할 수도 있다는 생각조차 하지 않았다. 사업가가 되는 것은 선택 사항이라기보다는 운명이나 숙명처럼 느껴졌다. 이 목표는 내 마음속 깊이 뿌리내려서 어떤 경우에도 흔들리지 않았다.

1년간 고등학교를 다닌 뒤 6개월간 집중 어학 코스를 이수하고 나자, 영어 실력이 많이 늘어 대학에 입학할 수 있었다. 1999년 1월 유타대학교에 처음 들어간 날은 아직도 기억난다. 나는 겨우 열일곱 살이었다. 전날 밤 눈보라가 몰아친 캠퍼스는 하얗게 눈으로 덮여있었다. 그날 아침 아무도 지나지 않은 눈길에 첫발자국을 남기며 교실로 걸어갈 때 들었던 뽀드

득뽀드득 소리가 아직도 귓가에 생생하다. 이 새하얀 눈밭처럼 내 앞에 펼쳐진 세상이 내가 '이민자 출신의 위대한 사업가'라는 족적을 남기기를 고대하고 있는 것만 같았다. 나에게는 젊음과 희망, 열정이 있었다. 무엇이든 해낼 수 있을 것만 같았다.

대학에 다니는 동안, 사업가의 꿈을 실현할 기회가 처음 찾아왔다. 나는 몇 년 동안 끊임없이 참신하면서도 멋진 기기를 만들려고 고심했다. 그러던 어느 날, 오래된 사진첩에서 롤러스케이트를 타고 있는 어린 시절 나의 사진을 발견했다. 친구들과 롤러스케이트를 타던 시간은 가장 행복했던 추억이었다. 그때 불현듯 생각이 떠올랐다. 운동화에 롤러브레이드 바퀴를 달면 멋지지 않을까? 남녀노소 누구나 마음이 내키면 언제든 바퀴를 굴리며 활주한다면? 온 세상이 거대한 스케이트장이 되고, 행복이 멀리멀리 퍼지겠지!

나는 이 기발한 아이디어에 잔뜩 들떠서, 바로 스케치북에다 어떻게 신발 바닥에 바퀴를 넣을지 여러 가지로 그려봤다. 이 아이디어가 마음에 쏙 들어 주말 내내 특허 신청에 필요한 공식적인 청사진까지 그렸다. 완성하고 나니 〈모나리자〉 같은 걸작이라도 창조한 기분이 들었다.

이건 분명 세상을 바꿀만한 전무후무의 아이디어야. 바로 내가, 이렇게 멋진 아이디어를 냈다니! 사업가로서 커리어를 시작할 수 있는 발명품이라는 생각이 들었다.

나에게는 샌디에이고에 사는 삼촌이 한 분 있다. 내가 굉장히 존경하는 분이기도 하고, 관대한 우리 부모님과는 달리 엄격하고 깐깐한 분이라 그분께 인정받는 것이 무엇보다도 의미 있다고 생각했다. 솔직히 삼촌 앞에 서면 어린아이처럼 기가 죽을 때도 있다. 하지만 삼촌이 나를 사랑하고 내 성공을 바란다는 것도 잘 알고 있었다. 미국에 온 이후로는 더욱 삼촌과 가까워져 아버지처럼 여기게 됐고, 훗날 아들의 이름을 그분의 이름을 따서 짓기도 했다. 삼촌이 내 생각과 선택에 찬성하면 나는 더 큰 확신을 얻곤 했다. 그래서 이 바퀴 달린 신발을 보고 삼촌이 어떤 반응을 보일지 설레는 마음 반, 격려를 바라는 마음 반으로 아이디어 스케치 한 부를 보냈다.

지지가 아닌 호된 질책을 받았을 때 내가 얼마나 실망했을 것 같은가. 삼촌은 내 아이디어가 말도 안 된다고 했고, 학업과 영어 공부에 매진해야 할 때 터무니없는 일에 매달린다며 나를 꾸짖었다.

나는 의기소침해져서 스케치를 서랍 속에 처박아두고 더 이상 꺼내보지 않았다. 내 아이디어가 삼촌에게조차 무시된 걸 보면, 분명 세상 사람들은 더 심하게 비웃을 것이다. 나는 공개적으로 내 아이디어를 거부당하고 싶지 않았다.

대신 좋은 성적을 받고 영어 실력을 늘리는 데 집중했다. 수천 개의 단어 카드를 만들어 매일매일 새로운 영어 단어를 배우고 외우는 데 많은 시간을 투자했다. 우수한 학교 성적은 우리 가족, 특히 삼촌에게 인정을 받는 가장 확실한 방법이었다. 나는 그들의 인정에 목말랐다. 또 전 과목 A와 영어 실력을 갖추면 장차 더 훌륭한 사업가가 될 수 있을 거라고 믿었다.

성적 덕을 보기도 했다. 브리검영대학교에서 장학금 제안을 받은 것이다. 나는 그곳으로 옮겨 학부 과정을 마쳤다. 하지만 뭔지 모를 큰 것 하나를 놓쳤다는 느낌이 들었다.

2년 후, 로저 애덤스라는 사람이 바퀴 달린 신발이라는 똑같은 아이디어로 특허를 내고 힐리스라는 회사를 세웠다. 2007년, 기업공개 후 힐리스의 가치는 1억 달러로 치솟았지만, 내 청사진은 서랍 구석에서 먼지만 쌓여갔다. 유감스럽게도 서랍 안에 있던 청사진은 하나가 아니었다. 몇 년 동안 나는 장차 성공을 거둘법한 아이디어를 수십 개 스케치했지만, 이를 추진하는 대신 파일에 정리하고는 서랍을 닫아버렸다.

물론 내 바퀴 달린 신발이 로저 애덤스처럼 성공한다거나, 다른 아이디어들이 회사를 세울 만큼 성공하리라는 보장은 없다. 하지만 중요한 것은 내가 시도조차 하지 않았다는 것이다. 세상이 내 아이디어를 거절하기 전에 내가 먼저 내 아이디어를 거절해버렸다. 거절의 낌새를 느끼면, 더 비난받기 전에 포기하는 편이 낫다고 생각했다. 나 자신에게만 거절당하는 편이 훨씬 쉬웠다.

하지만 쇼핑몰, 거리, 놀이터 등 곳곳에서 힐리스를 타는 아이들을 보거나 애덤스가 어린 시절부터 품었던 열정이 대성공으로 이어졌다는 신문 기사를 볼 때마다, '나는 대체 뭘 했나' 하는 생각이 들었다. 후회로 가득 찬 고통은 견디기 어려웠다.

컴퓨터공학 학위를 손에 넣고, 이제는 내 뜻대로 사업가가 될 수 있으리라고 생각했다. 하지만 가족과 친척들의 압력은 사라지지 않았다. 오히려 더 강해졌다. 모범적인 학생으로 좋은 점수를 받는 것 대신, 이제는 안정적이고 확실한 커리어를 가지라고 했다. 창업을 못 하는 것은 대학 졸업 후에도 마찬가지였다. 오히려 컴퓨터 프로그래밍이 나와 맞지 않는다는 사실을 깨닫기까지 여러 직업을 전전했다. 잘못된 길을 선택하는 것이 두려워 안전하다고 생각한 길을 선택했다. 듀크대학교에서 MBA과정을 밟을 때는 학생이라는 신분이 주는 익숙한 편안함을 느꼈다. 그 후 회사에 입사해 마케팅 업무를 했다. 명문 대학 학위와 고액 연봉이 사업가가 되고 싶다는 내 열망을 잠재울 포상이자 당위가 될 거라고 생각했다. 이제는 모험을 감수할 수 없었다.

새 직장으로 출근한 첫날, 상사는 나에게 간단한 자기소개서를 쓰라고 했다. 질문 중에는 "만약 이 일을 하지 않았다면 지금쯤 무슨 일을 하고 있을까요?"라는 것이 있었다.

나는 조금도 주저하지 않고 "사업가가 됐을 것이다"라고 썼다.

그러자 누군가 물었다. "그러면 왜 그렇게 하지 않았죠?"

나는 대답하지 못했다.

시간은 놀랄 만큼 빠르게 흘렀고, 꿈과 현실의 간극은 점점 벌어졌다. 나는 나 자신의 꿈을 팔아먹은 셈이었다. 눈 위를 걷던 10대 소년은 제2의 빌 게이츠 대신 높은 연봉을 받으며 회사라는 조직에 조용히 안주하는 마케팅 매니저가 됐다. 이따금씩 친구들이 부러워하거나 가족들이 자랑스러워할 때면 잠시나마 내가 잘 살고 있다고 안도하기도 했다. 하지만 내 안에서는 일상의 시계가 끊임없이 째깍거리며 내 꿈과 야망을 갉아먹고 있었다. 어떤 날에는 퇴근 후 옷장 안에 들어가 몇 시간을 울기도 했다. 그렇게 오래 울어본 적이 없을 정도로.

7월 4일 공원, 돗자리에 앉아있는데 문득 사업가가 되겠다는 내 꿈은 펼쳐보지도 못한 채 끝나고 말았다는 생각이 들었다. 그런데 만일 내가 열여덟 살 대학생 때나 스물두 살의 총각 시절 혹은 MBA과정을 밟던 스물여덟 살 때 창업을 하겠다는 마음을 억누르지 않았다면, 서른 살에 중간 관리자가 되고 예비 아빠가 될 수 있었을까? 아빠가 될 생각을 하니 새로운 책임감이 생겼고, 내 꿈은 영원히 한편에 미뤄둬야겠다고 생각했다.

하늘에서 커다란 불꽃이 터지자 어두운 밤하늘이 화려하게 빛났다. 자리에 앉아 내 미래를 상상하니, 내 남은 인생이 슬라이드 쇼처럼 하늘에 펼쳐졌다. 직장에서는 영업 실적을 올리고 직원들을 교육하며 경력을 쌓고, 자식도 두엇을 낳아 학교에 보내고 대학까지 가르친다. 슬라이드 쇼는 내 장례식에서 끝난다. 누군가 내가 얼마나 성실하고 신뢰할만한 인물이었는지 감동적이지만 뻔한 추도 연설을 한다. 내가 꿈꾸던 세상을 바꾼 사업가가 아닌, 그저 선량했던 한 사람을 추모하는 내용이다.

트레이시가 나를 빤히 바라보았다. 그녀는 지난 몇 주간 내가 굉장히 우울하다는 것과, 그 이유 역시 알고 있었다.

"당신은 앞으로 뭐든 할 수 있어. 차를 바꾸거나 집을 살 수도 있고, 승진을 하거나 다른 직장을 구할 수도 있을 거야. 하지만 더 이상 이렇게 후회를 안고 살아선 안 돼." 그녀는 말했다.

그러더니 만삭인 아내는 놀라운 이야기를 했다. 나에게 도전해보라고 한 것이다. 회사를 그만두고 6개월 동안 전력투구로 밑바닥부터 차근차근 창업을 준비해보고, 그때까지 누구의 관심을 끌거나 투자를 유치하지 못하면 다시 회사로 돌아가라는 것이었다.

내 꿈을 마음껏 좇을 생각에 아드레날린이 솟구쳤다. 그러다 이내 두려움이 엄습했다. 지금처럼 좋은 일자리를 다시 얻을 수 있다는 보장이 없고, 친구들에게도 바보처럼 보일 게 분명했다. 게다가 처가도 신경 쓰였다.

트레이시도 나처럼 중국에서 태어났다. 그녀의 부모님은 일과 성공에 대해 전통적인 가치관을 갖고 있었다. 장인어른 역시 여느 집처럼 딸의 마음을 얻은 녀석을 못 미더워하셨다. 그러나 트레이시가 말해주기를, 내가 책임감 있게 가족을 부양하는 모습은 마음에 들었다고 한다. 그런데 내가 직장을 그만두면 굉장히 분노하지 않을까?

"우리 부모님에게는 걱정하시지 않도록 내가 잘 이야기할게. 그러니까 당신은 최선을 다해. 후회 따위 남지 않도록." 트레이시가 말했다. 내가 대단한 여자와 결혼했다는 사실을 절감한 순간이었다.

아주 오랫동안 직장을 그만두고 창업을 하는 날을 꿈꿔왔다. 드디어 그 날이 온 것이다. 그러나 어떻게 시작할지 몰랐다. 회사를 나가기 전에 사무실에서 큰소리로 연설이라도 해야 하나? 비행기에서 비상 탈출한 제트블루항공의 승무원(미국 국내선 항공사 제트블루항공의 승무원이 승객과 말다툼을 한 뒤 분노를 이기지 못하고 비상 탈출 슬라이드를 열고 탈출한 사건. ─ 옮긴이)처럼 극적인 대탈출을 벌려야 하나?

하지만 이 중 아무것도 하지 못했다. 사직서를 내고 2주 동안의 인수인계를 시작한 7월 5일, 나는 두려움에 제정신이 아니었기 때문이다. 직장은 나의 오랜 안전망이었다. 한 번 그만두면 다시 돌아오지 못할 것이다. 이제 미지의 세계에 발을 내딛으려고 한다.

상사의 반응도 꽤 신경이 쓰였다. 거절당하는 두려움이 너무 커 그녀가 내 사표를 반려하면 어쩌나 걱정했다. 그녀를 당황스럽게 하고 싶지 않았지만 그렇게 해야 했다. 먼지투성이 청사진들로 가득 찬 서랍을 떠올리며 내 모든 용기를 끌어모아 그녀의 사무실 문을 두드렸다.

나는 준비한 대로 내 꿈에 대해 더듬더듬 이야기했다. "지금이 아니라면 앞으로 절대 못할 것 같습니다." 언짢아하지 않고 나를 이해해주기를 간절히 바라며 말을 이어갔다.

내 상사는 굉장히 충격을 받은 듯했다. 그녀는 한참 동안 나를 빤히 쳐다보았다. 대체 그녀는 무슨 생각을 하는 걸까. 아마 내가 미치지 않고서야 아이도 태어날 마당에 이렇게 높은 수입을 포기하고 직장을 때려치울 리가 없다고 생각하겠지. 그녀가 내 뜻을 오해하지 않았으면 했다. 그러면 거절당할 것 같은 기분이 들었기 때문이다. 하지만 나는 달리 할 말을 찾지 못하고, 그저 자리에 앉아 방 안을 둘러보기만 했다.

마침내 그녀가 입을 열었다. "이런, 세상에!" 그녀가 소리쳤다. "자네가 진행하던 프로젝트는 누구에게 넘겨야 하나? 올해는 인력 충원이 없는데, 이를 어떻게 한다지?" 나는 사표를 반려할까 염려했는데, 그녀는 다른 생각을 하고 있었다.

그 후, 가까운 동료들에게 직장을 그만둔다고 이야기했을 때 그들은 그다지 놀라는 것 같지 않았다. 반면 베이비샤워(출산이 임박하면 이를 축하하기 위해 가까운 사람들과 여는 파티. — 옮긴이)에 온 사람들에게 퇴사 이야기를 하자 순식간에 침묵이 감돌았다. 젓가락 떨어지는 소리만 크게 울렸다.

사표를 내고 2주 뒤, 월급과 건강 보험, 퇴직 연금, 에어컨이 완비된 사무실에 안녕을 고하며 거대한 회사를 나섰다. 내 꿈을 펼치지 못한 대가로 누렸던 안락함이 점점 작아지는 모습을 자동차 룸미러로 바라보았다. 홀가분하고 흥분되는 한편 두렵기도 했다. 4일 후는 아들 브라이언의 출산 예정일이었다. 이런, 진짜 해버렸군. 이 기회를 망쳐선 안 돼. 나는 혼자서 중얼거렸다.

차세대 유망 기업이 되는 데 무슨 설명서가 있는 건 아니지만, 모든 스타트업은 일단 아이디어 단계에서 시작하는 법이다. 나는 바퀴 달린 신발보다 훨씬 낫고 세련된 아이템을 찾으려 한참이나 머리를 싸매고 고심했다. 그러다 사람들이 약속을 하는 이유와 약속을 지키는 방식에 생각이 미쳤다. 사람들은 매일매일 친구, 가족, 동료들과 약속을 한다. 약속을 지키는지 안 지키는지 점수를 매기는 앱은 어떨까? 게임처럼 약속을 지키면 동기가 생기고, 관계도 좋아지고, 더 즐거워지지 않을까? 이 아이디어를 친구들이나 존경하는 사업가들에게 들려주자 대부분 관심을 보였고, 몇몇은 한참 동안이나 이야기를 나누기도 했다. 괜찮은 아이디어라는 반응을 얻자, 내 사업 아이디어가 마침내 실현될 수 있다는 자신감이 생겼다.

회사를 나온 날부터 앱 개발자를 찾기 시작했다. 나에게는 최고의 코딩 전문 엔지니어가 필요했다(소프트웨어 스타트업 세계에서 나는 비전문가 창립자다. 아이디어가 있고 경영 전문가지만 앱 개발에 필요한 프로그래밍 기술이 없기 때문이다). 내가 아는 모든 사람에게 잠재력 있는 인재를 추천해달라고 했고, 인맥이 바닥나자 모임에서 만난 사람들이나 동네 농구 코트에서 처음 보는 이들에게까지 접근했다. 직접 찾는 것에 한계를 느껴 커뮤니티 사이트인 크레이그리스트나 비즈니스 SNS인 링크드인도 뒤졌다.

내 열정과 노력이 보상을 받는 듯, 몇 주 만에 실력 있는 다국적 엔지니어들로 팀을 꾸리게 됐다. 가장 먼저 합류한 빅은 컴퓨터공학 석사 과정을 마치고 이미 IBM의 입사 제안을 받은 인재다. 그는 내가 구상한 것을 코드로 만들어낼 수 있다. 컴퓨터공학 박사 과정 진학을 앞두고 있던 첸은 프로그래밍 알고리즘을 전공하지만 재미 삼아 고급 소프트웨어 구조를 연구한다. 브랜든은 유타 주에 사는 해커인데, 고등학생 때 해킹 프로그램을 만들어 돈을 벌기도 했다. 나중에 자신이 만든 작은 모바일 앱 개발 회사가 성장하자 다니던 대학을 중퇴했다. 마지막으로 합류한 인도 출신 엔지니어 비제이는 전 직장 동료였다. 친분은 없었지만, 성실한 코딩 전문가라는 것은 알고 있었다.

자랑스러운 우리 팀이 내 비전을 믿고 기꺼이 함께해준다는 것이 영광스럽기까지 했다. 그들을 고용한 직후 오스틴 시내에 작업실을 구하는 것으로 일을 시작했다. 앱 기반 사업은 어렵고 복잡하며 오랜 시간이 걸린다. 하지만 나는 내 인생의 황금기를 보내고 있다.

이 뛰어난 엔지니어들은 놀랄 만큼 빠르게 소프트웨어를 만들어, 어느새 다섯 번째 수정 작업을 했다. 우리는 3개월 동안 사용하기 쉽고 재밌는 웹 기반 앱과 아이폰용 앱을 만들었다. 우리끼리 앱을 사용해보니, 약속을 지키려는 마음이 생산성을 얼마나 향상시키는지 놀라울 정도였다. 뭐, 우리가 이 앱을 사랑하는 개발자여서 그럴 수도 있겠지만. 넘쳐나는 모바일 앱 속에서 사람들에게 우리 앱을 판매하는 건 무척 힘들 것이다. 매일 출시되는 수천 개의 앱들과 소비자의 관심을 끌기 위해 경쟁해야 하니 말이다. 그래도 우리는 콘셉트가 좋으니, 당장 대박이 나진 않더라도 시간이 지나면 성공할 수 있을 것이다.

하지만 돈이 필요했다. 트레이시와 내가 2년간 결혼 생활을 하면서 열심히 저축한 돈의 대부분을 스타트업에 투자했다. 하지만 인건비와 작업비가 계속 나가면서, 초기 투자금도 점점 줄었다. 아기가 태어나는 마당에 우리 재정에 부담을 지우며 마냥 투자만 할 수도 없었다. 트레이시는 나에게 6개월을 줬다. 이제 우리의 투자가 옳았음을 증명해야 했다.

앱 개발에 매달린 지 4개월이 흐르고, 드디어 내 기도에 응답이 왔다. 우리 앱이 외부 투자자들의 관심을 끈 것이다. 나는 홍보 문구를 작성하는 등 준비에 박차를 가했다. 우리는 리얼리티 쇼 〈샤크 탱크〉(가능성 있는 개인 비즈니스를 운영하거나 좋은 사업 아이디어가 있지만 자금이 부족한 일반인들을 '샤크Shark'라고 불리는 성공한 사업가들이 투자하는 미국 리얼리티 쇼. — 옮긴이) 출연 준비라도 하는 듯 테스트를 반복했다. 홍보 문구는 최고였다. 적어도 우리 생각에는 그랬다. 우리는 자축의 하이파이브를 했다.

그리고 계속 기다렸다. 내 인생에서 가장 고통스러운 시간이었다.

내 운명이 달린 결정을 기다리는 살 떨리는 경험이 처음은 아니었다. 열다섯 살 때 베이징 미국대사관에서 미국 입국 비자 심사를 받았고(결국 받았다), 열일곱 살 때 브리검영대학교에서 장학금 심사도 마음 졸이며 기다렸다(이 역시 받았다). 스물다섯 살에는 듀크대학교 경영대학원의 합격 편지를(역시 받았다), 스물여덟 살에는 400명의 동급생 앞에서 프로포즈 승낙을 기다렸다(내 인생 최고의 승낙이었다). 결과에 따라 인생이 뒤바뀌었을, 신경이 바짝 곤두섰던 순간들이었다. 그런데 이유는 모르겠지만, 투자 결정을 기다리는 지금이 가장 걱정됐다.

나는 위대한 사업가가 될 운명이라고 여전히 믿고 있었다. 내 꿈을 이룰 시간이 2개월밖에 남지 않은 지금, 이번 투자는 마지막 동아줄이었다. 너무도 절실했던 나머지, 다섯 번이나 투자자들에게 승낙을 받는 꿈을 꿨다. 매번 승낙을 받으면 꿈에서 깼다. 핸드폰을 들고 아내와 가족들에게 그 꿈만 같은 소식을 전하는 순간이 생생했다.

며칠 후 레스토랑에서 친구의 생일 파티를 하고 있는데 핸드폰에 알람이 울렸다. 투자자에게서 온 메일이었다. 손이 떨렸다. 불길한 느낌이 엄습했다.

나는 메일을 열지 않고 핸드폰을 한참 붙들고만 있었다. 긍정적인 에너지를 끌어모으려 애썼다. 메일을 열었다. 내용은 굉장히 짧았다.

투자자의 답변은 "아니요"였다.

나는 트레이시에게 메일을 보여주고는 같은 테이블에 앉은 이들에게 양해를 구하고 밖으로 나왔다. 내 주변 테이블에 앉았던 사람들은 이미 식사를 끝내고 레스토랑을 나섰고, 이제 새로운 무리들이 들어갔다. 안에서는 사람들이 친구에게 생일 축하 노래를 불러주고 있었다. 7월 4일처럼, 행복한 이들 가운데 홀로 표류하는 서글픈 기분이었다. 과거에는 위험을 감수하지 못했고, 지금은 위험을 감수했지만 실패하고 말았다.

15분 정도 주차장에서 바람을 쐬며 감정을 추슬렀다. 자리로 돌아갔지만 한마디도 하지 않았던 것 같다. 나중에 아내 말로는 영화 〈식스 센스〉에서 죽은 사람과 마주친 꼬마 같은 표정이었다고 한다.

마침내 운명의 길을 찾은 사람처럼 몇 달 동안 의욕적으로 일에 매달렸다. 하지만 투자자에게 거절당하고 나니 모든 게 달라졌다. 의욕도 떨어지고 다른 사람과 만나기도 싫었다. 한때 사랑했던 사무실 역시 반갑지 않았다. 언제나 활기찬 사무실 관리자의 친절도 더 이상 와 닿지 않았다.

나는 거절당했다. 내 꿈이 거절당한 것이다. 가슴 아픈 상처였다.

이젠 더 이상 성공을 확신할 수 없었다. 확신은커녕 성공할 것 같다는 생각도 들지 않았다. 내 아이디어를 의심하기 시작했다. 투자자는 노련한 사업가다. ==그런 사람이 내 회사에 투자하지 않겠다고 생각한다면 그게 맞는 것이겠지.==

그리고 내 역량에도 의심이 생겼다. 넌 대체 뭐 하는 사람이냐? 네가 성공할 거라고 했던 사람은 대체 누구였지? 넌 어린 시절의 유치한 꿈속에서 살았던 거라고. 이제 현실에 발을 디딘 거야! 스타트업의 성공은 빌 게이츠나 스티브 잡스 같은 특별한 천재들의 일이야. 넌 그저 그들을 따라 했을 뿐이고.

나 자신에게 화가 났다. 대체 무슨 짓을 한 거지? 좋은 직장을 때려치우고 불확실한 스타트업에 모든 것을 바치다니, 얼마나 멍청한가!

트레이시에게도 미안했다. 기대를 저버린 나에게 분명 실망했으리라. 거절이 얼마나 고통스러운지 이제 알겠어? 이런 일을 겪고도 다시 거절당할 수 있겠어? 절대 안 되지!

급기야 두려운 마음이 피어올랐다. 이제 어쩌지? 친구들이 뭐라고 할까? 장인장모님은? 그분들은 내가 남편이자 아버지로서 생각 없고 무책임하다고 생각하겠지. 어쩌면 나라는 인간 자체가 그렇다고 생각할지도 몰라.

불안감의 문제는 모든 사람, 하물며 가장 가까운 존재인 사랑하는 이들에게까지 자신이 거부당할 수 있다고 느끼게 한다는 점이다. 투자를 거절당하고 사무실로 돌아간 날은 정말 끔찍했다. 그날 밤 집에 돌아가 트레이시에게 사과를 했다. 그녀에게 내 처참한 실패를 고백하며, 나는 스타트업과 맞지 않는 사람이라는 것을 확실하게 느꼈다. 그래서 이젠 사업에서 손을 떼고 계획보다 일찍 일자리를 찾을 것이며, 그러면 다시 수입이 늘어날 것이라고 말했다.

말을 마치고 트레이시를 바라보았다. 이제 그녀가 다가와 위로하며 꼭 안아주겠지.

그러나 생각과 달리 그녀는 나에게 경종을 울렸다. "난 당신에게 6개월이란 기간을 줬지, 4개월을 주지 않았어. 아직 두 달 더 남았으니까 계속 도전해 봐. 후회 따위 남지 않도록!"

나는 포기하려 했지만, 트레이시의 생각은 달랐다. 그녀는 포기해버린 라인맨에게 마스크를 감싸 쥐고 당장 일어나라고 소리를 지르는 성난 쿼터백 같았다.

그녀의 말대로 남은 두 달 동안 내 아이디어와 회사를 살리는 데 최선을 다하기로 했다. 하지만 한 번 투자 유치를 거절당하고 나니 또 거절당할까 두려웠다. 다른 투자자를 찾고 싶었지만, 또 거절당하면 내 꿈이 죽어버릴까 봐 무서웠다. 거울을 봤다. 야망은 있지만 거절당하는 것이 너무나 두려운 한 남자가 보였다. 나는 오랜 시간 안전한 회사에서 일하며 위험을 피해 조직 속에 숨어있었다. 나 자신을 위험에 노출시키는 데 익숙지 않았다. 하지만 정말로 사업가가 되고 싶다면 거절을 잘 극복해야 한다. 토머스 에디슨, 마쓰시타 고노스케, 빌 게이츠라면 겨우 4개월 만에 포기했겠는가? 절대 아니지!

앱을 개선하고 추가 투자를 유치하기까지 두 달이 남아있었다. 하지만 무엇보다 거절당했을 때 의연하게 대처할 능력이 필요했다. 그러려면 단지 거절당할지도 모른다는 두려움을 극복하는 것을 넘어서 ==거절당했을 때 목표를 향해 나아갈 수 있는 방법을 배워야 했다.== 내가 다윗이라면, 거절은 털북숭이 거인 골리앗인 셈이다. 그를 쓰러뜨리려면 내게 잘 맞는 갑옷과 새총을 찾아야 한다.

내 무기 창고인 구글에서 최첨단 무기를 찾기 시작했다. 검색창에 '거절의 두려움 극복하기'를 치고 검색 결과를 훑어보았다. 두려움을 없애는 법, 심리학 자료, 용기를 주는 명언 등 여러 가지가 나왔지만 어떤 것도 해결책은 아니었다. 나는 카운슬링이나 격려 따위에는 관심이 없었다. 내 행동을 바꾸고 싶었다.

한참 동안 뒤진 끝에 '거절 테라피'라는 사이트를 발견했다. 제이슨 컴리라는 캐나다 사업가가 개발한 치료법을 소개하는 사이트였는데, 거절당하는 고통에 둔감해지기 위해 일부러 반복적으로 거절당한다는 내용이었다. 왠지 마음에 들었다. 아주 옛날, 무사들이 고통을 견디는 힘을 기르기 위해 단단한 물체를 계속 두들기며 수련하는 모습이 떠올랐다.

어쩌면 쿵후 영화를 너무 많이 본 탓일지도 모르겠지만, 거절에 대한 공포를 극복하기 위해 끊임없이 나 자신을 그런 환경에 던지는 방식이 이상하게도 와 닿았다. 거절에 맞서는 수련, 이것이야말로 지금 내게 필요한 것이었다.

마이크로소프트를 넘어서는 기업을 만들겠다는 10대 시절의 약속처럼 다소 무모하긴 하지만, 나는 이 거절 치료법을 100번 도전하고 전 과정을 녹화해 블로그에 올리기로 했다. '두려움 없애기FearBuster.com'라는 도메인을 산 뒤, '100번 거절당하기'라는 블로그를 시작했다. 블로그를 운영한 적은 없었지만, 일종의 약속처럼 책임감이 수반된다는 점이 마음에 들었다. 블로그 이웃이 생긴다면 중도에 그만두기 어려워질 테니 말이다.

컴리의 거절 치료법에는 그날의 도전 과제가 적힌 카드가 있다. "페이스북에서 모르는 사람과 친구 맺기"라거나 "지나는 사람에게 길 묻기" 같은 거절당하기 쉬운 내용들이다. 이런 건 내겐 너무 무난했다. 나는 보다 창의적이고 어쩌면 다소 황당할 수도 있는 시도를 해보고 싶었다. 나만의 독특한 방법으로 말이다. 이 두려운 과제에 조금이나마 재밌는 요소를 넣고 싶었다.

그리고 다음 날, 나의 '거절당하기 여정'이 시작됐다.

실험 1일째
경비원에게 100달러를 빌리다

하루가 다 지나도록 꼼짝도 않았다. 시작하기가 쉽지 않았다. 거절당하는 것이 두렵기도 했고, 무엇보다 뭘 해야 할지 구체적인 아이디어도 없었다.

그날 저녁 사무실 건물 로비를 지나다 경비원이 책상에 앉아있는 모습이 눈에 들어왔다. 갑자기 아이디어가 떠올랐다. 그에게 100달러를 빌려달라고 하면 어떨까?

머리털이 쭈뼛 곤두섰다. 분명 거절하겠지. 그게 핵심이다. 그는 뭐라며 거절할까? 나에게 욕을 퍼부을까? 비웃을까? 경비 봉으로 나를 두들겨 팰까? 헤드록을 걸고 가까운 정신 병원에 전화해서 혹시 키 180센티미터가량의 동양인 남자 환자가 도망치지 않았냐고 신고할까? 아니 잠깐만, 총이나 전기충격기를 갖고 있는 건 아니야?

이런저런 생각들이 떠오르며 점점 긴장되고 두려워졌다. 그렇게 두려워서 죽어버리기 전에, 어찌 됐든 질문을 던지고 어떻게 반응하는지 보기로 했다. 그리고 핸드폰을 꺼내 영상 촬영 버튼을 누른 뒤 카메라 화면을 내 쪽으로 돌렸다. "좋아, 첫 번째 시도입니다. 이제 전혀 모르는 사람에게 100달러를 빌려달라고 할 겁니다. 정말 힘들지만, 해보겠습니다."

핸드폰으로 계속 녹화하면서 경비원에게 걸어갔다. 그는 신문을 읽고 있는 중이었다.

"실례합니다." 내가 말을 걸었다. 커피를 족히 다섯 잔은 마신 듯 심장이 쿵쾅댔다. 그가 고개를 들고 입을 열기 전에 나는 속사포처럼 말을 내뱉었다.

"100달러 좀 빌려주세요."

그가 인상을 찌푸렸다. "안 됩니다. 왜 그러시죠?"

"안 된다고요? 알겠습니다. 안 된다는 말씀이죠? 네, 고맙습니다!"

나는 버벅대며 대답했다.

귓속에서 윙하는 울림이 느껴졌다. 그러고는 뒤쫓을지 보내줄지 고민 중인 포식자에게서 도망치는 작은 동물처럼 서둘러 자리를 떠났다.

나는 건물 구석에 주저앉아 마음을 가라앉혔다. 대단치도 않은 일에 왜 이러는지 의아한 사람도 있을 것이다. 하지만 나에게는 돈을 빌려달라고 했다가 거절당하는 일은 패배감과 수치심이 뒤섞인 일대 사건이다. 나는 미국으로 이민 와서, 좋은 학교를 다니고 좋은 직장에서 일했다. 몇 년에 걸쳐 스스로 일군 이 사회적 지위에 자부심을 느꼈다. 이렇다 보니 낯선 이에게 돈을 빌리는 것이 나에게는 상당히 힘들었다. 내가 의도한 상황이라도 말이다.

이런 한심한 인간 같으니라고. 혼잣말로 되뇌었다. 우리 아버지, 그리고 누구보다 삼촌이 이 영상을 보지 않았으면 했다. 비록 시늉이라도 내가 구걸하는 모습을 보여주고 싶지 않았다. 어쨌거나 이것은 거절 치료의 일환이고, 치료란 원래 고통스러운 법이다. 다음번에는 좀 더 잘 대처하기를 바라며 건물을 나섰다.

그날 밤 유튜브와 블로그에 올릴 동영상을 편집하며, 이 경험을 새로운 시각으로 보게 됐다. 영상을 보니 내가 얼마나 두려워하는지 제대로 알 수 있었다. 본격적으로 나서기 전 카메라에 대고 말할 때부터 나는 마치 뭉크의 〈절규〉에 나오는 남자 같았다. 억지로라도 미소를 짓고 머리카락이 있기는 했지만 말이다. 내 겁에 질린 얼굴을 보며 경비원은 무슨 생각을 했을까.

내 물음에 경비원이 대답하는 부분으로 넘어갔다. 그는 "안 됩니다"라고 말했지만 이어서 "왜 그러시죠?"라고 물었다. 나에게 이유를 설명할 기회를 준 것이다. 그런데도 나는 질문을 던지느라 넋이 나가 그의 대답을 끝까지 듣지 못했다. 어쩌면 그는 내 요상한 요청에 호기심이 생겼을지도 모른다. 내 겁먹은 표정을 보고 무슨 사고라도 당한 거라고 생각했을 수도 있다.

어느 쪽이든 그는 대화를 이어갈 여지를 줬다. 나는 솔직하게 "거절의 두려움을 극복하려 노력 중입니다. 그래서 일부러 터무니없는 부탁을 해본 겁니다"라거나 "어떤 실험을 해보고 있는 중입니다. 당신이 저를 믿고 100달러를 빌려줬다면, 그 자리에서 바로 돌려드렸을 겁니다. 저는 여기 위층에서 일합니다. 여기 신분증을 확인해보세요"라고 말할 수도 있었다. 적어도 내 행동을 합리화하고 그를 안심시킬만한 이유는 많았다.

그런데 나는 뭐라고 말했지? "안 된다고요? 알겠습니다. 안 된다는 말씀이죠? 네, 고맙습니다!"가 전부였다. ==그저 그 자리를 빨리 벗어나려고만 했을 뿐이었다.== 그 장면을 다시 돌려 보니 '기회를 날려버렸다'는 생각만 들었다. 두려움 때문에 바보처럼 더듬거린 것이다.

블로그에 어떤 글을 올릴까 고민하다 문득 궁금해졌다. 나는 대체 왜 그리 겁먹었던 걸까. 경비원은 위협적이지도 않았고, 자신에게 그런 부탁을 했다고 경비 봉으로 때리지도 않았다. 그런데도 나는 마치 그가 굶주린 호랑이라도 되는 듯 도망쳤다. 목표가 거절당하는 것이었으니 원하는 대로 거절당하면 됐다. 그런데 왜 그렇게 무서워했을까?

그 이유를 알 수 없었다. 하지만 내 두려움이 결과에 부정적인 영향을 끼쳤다는 것만은 확실했다. 다음에는 다른 태도로 접근하기로 했다. 이번에는 자신감 있고 평온한 태도로 대화를 나누며 그 결과를 파악해야지. 대화를 하며 나에 대해 설명할 수 있으면 좋을 텐데. 약간의 유머를 섞어 봐야겠다. 그게 가능할지는 모르겠지만.

실험 2일째
공짜 햄버거를 요구하다

다음 날 점심시간이었다. 배가 너무 고파 파이브가이스버거앤프라이에서 육즙이 흐르는 빅 사이즈 베이컨치즈버거를 게 눈 감추듯 먹어치웠다. 하지만 내 혀는 하나 더 주문하라고 사정했다. 햄버거와 함께 산 음료수를 가지러 갔을 때 기계에 붙어있는 '음료 무료 리필'이라는 문구가 눈에 띄었다. 문득 아이디어가 떠올랐다. 이번에는 너무 심각하게 생각해서 겁먹지 말아야지. 아이폰을 꺼내 동영상 촬영 버튼을 누른 뒤 점원에게 다가갔다.

"무엇을 도와드릴까요?" 점원이 물었다.

나는 허리를 꼿꼿이 펴고 가슴을 앞으로 내밀며 눈을 쳐다보며 말했다. "햄버거가 정말 맛있어서 그러는데, 리필 가능한가요?"

"무, 무슨 말씀이죠?" 점원이 방금 자신이 들은 말을 확인하려는 듯 더듬거리며 되물었다. 나는 방금 한 말을 다시 말했다.

"햄버거 리필이라고요? 무슨 말씀이신지?" 점원이 굉장히 당황한 표정으로 말했다.

"그러니까, 리필요. 햄버거 하나 더 공짜로 주실 수 있나요?" 당연한 질문인 양 자연스럽고 당당한 태도를 유지하려 애쓰며 다시 물었다.

점원은 안 된다고 대답했다.

하지만 이번에는 도망치는 대신, 다음 질문을 던졌다. 터무니없는 질문이라 웃음이 터질뻔했지만 꾹 참았다. "음료는 되면서 왜 햄버거는 안 되는 겁니까?"

"원래 그런 거예요." 점원이 빙긋 웃으며 대답했다.

나는 그에게 햄버거 리필이 된다면 이 가게를 훨씬 더 좋아할 거라고 말하고는 미소 지으며 그곳을 나왔다.

그날 밤, 동영상 업로드를 하며 햄버거 가게에서의 대화를 분석했다. 이번에는 내 태도가 바뀌었다. 다소 긴장은 했지만, 생사를 넘나드는 공포는 없었다. 건물 로비에서처럼 부끄러워하는 기색도 없었다. 무엇보다 중요한 것은 재미도 있었다는 점이다. 덕분에 거절당해도 도망치지 않고 대화를 이어갈 수 있었다. 게다가 점원은 나에게 미소를 짓기도 했다.

두 번의 거절로 나는 벌써 큰 깨달음을 얻었다. 태도가 결과에 큰 영향을 미친다는 것이었다. 결과 자체를 바꿀 수는 없겠지만, 안 된다는 말을 들을 때의 쓰라림을 줄여준다. 움츠리지 않고, 당당하고 침착하게 태도만 바꿔도 전혀 다른 경험을 한 것이다. 일에서도 이렇게 자신감을 가진다면 그 과정에서 그토록 치명적인 충격을 받지도, 상처를 입지도 않을 것이다.

이제 겨우 이틀째지만 벌써 조금 단단해진 기분이 들었다. 공포심이 진정되면서, 창의력이 솟아나기 시작했다. 좀 더 나다워지고 '아니요'라는 말을 듣는 게 덜 두려워졌다.

실험 3일째
특별한 도넛을 주문하다

꽉 막힌 출근길, 꼼짝 않는 차 안에서 오늘은 어떻게 거절당할지 고민하고 있었다. 그때 길 건너편에 크리스피크림도넛이 눈에 들어왔다. 당시 2012년 런던올림픽 기간이라 올림픽에 대한 관심이 높았는데, 그에 딱 맞는 이상한 아이디어가 떠올랐다. 저녁에 집으로 돌아갈 때 저 도넛 가게에 들러, 도넛 다섯 개로 올림픽의 상징인 오륜기를 만들어달라고 하면 어떨까? 그들이 거절하면 그 기념으로 도넛 한 박스를 사서 집에 가야지.

평소보다 조금 일찍 퇴근해 도넛 가게로 갔다. 이상하게도 이번에는 거절당하는 것이 기대되기까지 했다. 거절당하면 도넛을 사기로 해서였을까? 가게에 들어가면서 촬영을 시작했다. 안은 손님으로 북적였다. 줄을 서서 기다리며, 미리 생각한 농담 몇 가지를 머릿속으로 연습하며 차분하고 당당하고 예의 바르게 행동하자고 마음을 다스렸다. 후에 촬영한 영상을 보니 그때 나는 "괜찮아, 잘될 거야"라고 혼잣말을 중얼거리고 있었다. 내가 중국의 빌 클린턴이라고 스스로 최면을 걸었다. 내가 생각하는 가장 카리스마 넘치는 사람을 떠올리며 자신감이 생기도록 하는, 나만의 마인드 컨트롤이었다.

마침내 내 차례가 됐다. 40대 정도로 보이는 점원은(나중에 알고 보니 근무조 조장이었다) 금발을 하나로 묶고 가게 이름이 적힌 모자를 쓰고 있었다.

"무엇을 도와드릴까요?" 그녀가 물었다.

순간 클린턴처럼 당당한 미소를 짓겠다는 생각을 떠올리곤 미소를 지으며 그녀에게 물었다. "조금 특별한 도넛을 주문하려고요."

"어떤 도넛을 말씀하시는 거죠?"

"아, 그러니까……." 더듬거리며 잠깐 바닥을 보다가, 마치 실제로 있는 메뉴라도 되는 듯 벽에 붙어있는 메뉴판을 바라보며 말했다.

"올림픽 도넛요."

그리고 숨을 내쉬고는 그녀와 시선을 맞추며 말을 이었다. "도넛 다섯 개로 오륜기를 만들어주실 수 있나요?"

점원은 고개를 들고 턱에 손을 대며 놀라운 듯 "아!" 하고 탄성을 내뱉었다.

그리고 상황은 재밌게 흘러갔다.

"언제 받으셔야 하죠?" 잠시 후 그녀가 물었다.

"네?" 이번에는 내가 그녀의 대답을 이해할 수 없어 되물었다. 완전히 허를 찌르는 반응이었다.

"언제까지 받으셔야 하냐고요." 그녀가 다시 물었다.

나는 잠시 말을 멈췄다. 나는 그녀가 거절하리라 생각했다. 그녀가 거절하면 어째서 이런 요청을 했는지 설명하며 가벼운 농담을 건넨 뒤 집에 돌아올 계획이었다. 그런데 그녀는 내 요구를 진지하게 받아들인 것이다.

"음……. 15분 내에 가능할까요?" 내가 대답했다. 그녀가 시간이 빠듯하다며 거절하기를 바라는 마음이었다.

그녀는 다른 곳을 바라보며 여전히 손을 턱에 댄 채 생각에 잠겼다. 그러더니 종이와 연필을 꺼내, 나와 몇 분간 도넛 모양에 대해 이야기를 나눴다. 그녀는 어떻게 하면 오륜기 모양을 유지하면서 도넛을 튀길 수 있을지 생각했다. 그리고 마침내 올림픽 금메달을 따낸 육상 선수 같은 표정으로 나를 보며 말했다. "만들 수 있겠어요." 그러더니 조리실로 사라졌다.

나는 자리에 앉아 주문이 나오기를 기다렸다. 지금 이게 말이 되는 일이야? 나 자신에게 계속해서 되물었다. 내가 이 가게에 들어온 건 황당한 주문으로 거절당하기 위해서였다. 그런데 지금 예상치 못했던 승낙에 놀라 말을 잇지 못했다.

핸드폰이 울렸다. 트레이시였다. 그녀는 저녁 준비가 됐는데 언제쯤 돌아오느냐고 물었다. "몇 분 더 기다려야 해. 100일 동안 거절당하는 프로젝트 기억해?" 내가 물었다.

"으응." 대체 무슨 문제에 휘말렸는지 궁금한 목소리로 그녀가 느릿느릿 대답했다.

"정말 놀라운 일이 벌어지고 있어. 자세한 건 집에 돌아가서 설명할게. 정말이지, 기다린 게 아깝지 않을 거야." 내가 말했다.

몇 분 뒤, 점원이 도넛 박스를 들고 조리실에서 나왔다. 상자 안에는 도넛 다섯 개가 각각 빨강, 노랑, 초록, 파랑, 검정 색깔 설탕으로 코팅이 입혀졌다. 완벽한 오륜기였다.

"와, 정말 멋져요. 굉장해요!"

나는 명찰에서 그녀의 이름을 보고 감사 인사를 건넸다(나중에 풀네임은 재키 브라운이며 뉴욕 출신이라는 것을 알았다).

"재키, 최고예요!"

그녀는 지나친 칭찬이라면서, 보는 나까지 행복해지는 함박웃음을 지어줬다. 나는 그녀가 청구하는 대로 돈을 지불할 요량으로 지갑을 꺼냈다.

그런데 재키는 나를 다시 한 번 놀라게 했다. "괜찮아요. 그냥 가져가세요."

진심이냐고 몇 번이고 되물었지만 그녀는 똑같이 대답했다. 그녀에게 어떻게 감사 인사를 할지 몰랐다. 그녀와 악수를 하려고 다가갔는데, 나도 모르게 그녀를 힘껏 포옹하고 말았다.

집으로 돌아오는 길, 나는 조수석에 올려둔 도넛 상자를 자꾸만 쳐다보았다. 이렇게 멋진 고객 서비스와 인간적인 친절함은 여태 들어본 적도, 경험한 적도 없었다. 폭력, 절도, 기업의 탐욕, 질 낮은 패스트푸드에 대한 뉴스는 자주 들었지만, 15분 만에 원하는 모양의 도넛을 만들어주는 프랜차이즈의 매니저 이야기를 들어본 적 있는가? 지금 그 놀라운 일이 벌어진 것이다!

　더욱 놀라운 것은 거절당하겠다는 시도가 무산됐다는 점이다. 농담을 던지고 이유를 설명하거나 빌 클린턴 흉내를 낼 필요가 없었다. ==승낙을 받기 위해서는 요청을 할 용기만 발휘하면 된다.== 재키와 나는 황당한 아이디어를 실현하기 위해 협력하며, 다른 때보다 훨씬 큰 즐거움을 맛봤다. 내가 묻지 않았다면 이 순간을 절대 경험하지 못했을 것이다. 오륜기 모양의 도넛도 만들어지지 않았을 것이고, 재키는 기지를 발휘해 고객을 감동시키지 않았을 것이다. 세상은 내 생각보다 친절하고 인간적이었다!

　짜릿한 흥분이 느껴졌다. 어른이 된 후에는 느껴보지 못한 감정이었다. 장난을 치거나 예상치 못한 승리를 얻었을 때 심장 박동이 요동치는 것과는 사뭇 달랐다. 아마 가능성을 느꼈기 때문이리라. 세상에는 내 상상보다 훨씬 많은 가능성이 있다. 크게 노력하지 않아도 원하는 모양의 도넛을 얻게 됐는데, 내가 요청하면 다른 일들도 가능하지 않을까? 한 걸음 더 나아가 이런 질문을 할 수도 있다. 내가 정말 열심히 노력하면 어떤 일이 가능할까?

　집에 돌아와 트레이시에게 동영상을 보여줬다. 그녀도 나만큼이나 놀라며 감탄사를 연발했다. 식어버린 저녁 식사를 마치고 우리는 기대하지 않았던 디저트를 음미했다. 설탕 코팅은 굉장히 달았고, 특별한 도넛을 먹는 기분은 훨씬 더 달콤했다.

저녁 식사 후, 나는 이 일에 대한 짧은 감상을 곁들여 유튜브와 블로그에 동영상을 올렸다. 이 이야기를 세상 사람들과 공유하고, 멋진 직업 정신으로 나에게 근사한 하루를 선사한 크리스피크림도넛의 점원을 소개하고 싶었다. 또 약간의 용기와 창의성만 발휘하면 어떤 결과를 낼 수 있는지 보여 주고도 싶었다. 내 블로그를 방문한 몇 백 명이라도 동영상을 봤으면 했다. 동영상을 보면, 다른 이를 조금 더 믿고 조금 더 마음을 열게 되리라.

성경에는 기독교의 박해자로서 예수의 추종자들을 처형한 사도 바울이 다메섹으로 가던 중 예수를 만나 기독교 사상 가장 극적이고 중요한 심적 변화를 겪는 이야기가 나온다. 그 뒤 바울은 기독교 전파에 앞장서고, 그의 노력과 저술 활동에 힘입어 기독교는 급속도로 전파되며 로마 제국의 국교로 선포되기까지 한다. 말 그대로 인류의 역사를 바꾼 것이다.

내가 사도 바울도 아니고 재키 역시 예수가 아니지만, 오늘의 경험은 마치 바울의 다메섹의 회심回心처럼 느껴졌다. 세상을 보는 시각이 바뀌고, 새로운 사람이 된 것만 같았다. 앞선 두 번의 거절당하기 도전은 내 관점을 바꿨고, 세 번째 시도는 내 마음가짐을 바꿨다. 재키를 만나기 전까지는 내 부탁을 승낙할 사람이 없을 거라고 생각했다. 그러나 이 경험을 계기로, 거절당하는 고통에 맞서는 것에서 과감하게 부탁할 용기를 내는 것으로 도전의 초점이 바뀌었다. 이제 거절 여부는 신경 쓰지 않기로 했다. 다른 이가 나를 어떻게 생각하는지도 신경 쓰지 않을 것이다. 이렇게 마음먹으니, 보다 자유로워진 기분이 들었다.

실험 4~6일째
모르는 사람 집 뒷마당에서 축구를 하다

다음 날에는 피자 가게에 가서 자원봉사로 배달해도 되냐고 했고, 그다음 날에는 식료품점 점원에게 창고를 보여줄 수 있느냐고 물었다. 모두 거절당했지만 개인적인 문제로 받아들이지 않았다. 전보다 더 당당하고 편안했고, 재미도 있었다.

이제 더 어려운 과제에 도전할 때가 된 것 같았다. 지금까지 나는 업무 중인 사람들을 대상으로 도전해왔다. 고객 응대가 그들의 일이므로, 나를 상대해줘야 한다. 그러면 나를 상대할 이유가 전혀 없는 사람들에게 접근하면 어떨까? 생각만으로도 머리털이 쭈뼛 섰다. 하지만 나 자신을 좀 더 몰아붙일 필요가 있었다. 이렇게 해서 여섯 번째 도전에 나섰다. 낯선 이의 집을 찾아가 그 집 뒷마당에서 축구를 하자고 제안하는 것이다.

다른 주에서 살 때, 비정상적이고 위험한 짓을 하면 "텍사스 같았으면 진작 총 맞았어"라는 소리를 듣곤 했다. 오스틴은 총 맞을지도 모르는 바로 그 주의 주도州都다. 그러니까 여섯 번째 도전은 이런 텍사스 인들의 개인적인 공간에 침입해도 되겠냐고 물어보는 것이다. 아무리 좋게 생각해도 바람직한 아이디어 같지는 않지만 말이다.

그렇게 해서 축구화를 신고 땀을 뻘뻘 흘리며 댈러스 카우보이스 팬의 현관에서 그의 대답을 기다리게 된 것이다. '내가 말짱히 이 상황을 벗어날 수 있을까?'라는 의문이 떠나지 않았다.

잠시 후 카우보이스의 팬인 스콧은 가벼운 미소를 지으며 "그래요"라고 대답했다. 내 이상한 부탁에 응한 것이다.

그 뒤 5분간은 기억이 희미하다. 전혀 모르는 이의 집 뒷마당 잔디밭에서 공을 차고 사진까지 찍었는데 말이다. 우리 중 누가 이런 상황에 당혹스러워했는지 가물거릴 정도지만, 함께 축구를 해준 스콧이 굉장히 고마웠다. 그의 집에서 나오는 길에 어째서 내 부탁에 승낙했는지 물어봤다.

스콧은 턱을 문지르며 대답했다. "글쎄, 너무 이상했거든요. 그렇게 이상한 부탁을 어떻게 거절할 수 있겠소?"

어떻게 거절할 수 있겠소?

이 말이 빌보드 차트 10위권의 노래처럼 마음에 콕 박혔다. 도넛 가게에서의 도전 이후로 보다 많은 승낙을 받을 수 있다는 사실을 알았다. 그런데 미식축구 팬이 연장전을 포기하고 낯선 이와 뒷마당에서 축구를 하는 사진을 찍어주는 것은 사뭇 달랐다. 그는 승낙할 이유나 동기가 전혀 없었음에도 내 요구가 너무도 이상했기 때문에('이상했음에도'가 아니다) 그렇게 해야만 할 것 같았다고 했다.

물론 모든 사람이 스콧 같지는 않다. 하지만 스콧은 상대에 대한 궁금증이 애초 예상과는 전혀 다른 결과를 낳을 수도 있음을 알려줬다. ==내 부탁에 얼마나 관심을 갖느냐에 따라 승낙받을 가능성은 높아지는 것이다.==

제이슨 컴리의 거절 치료법은 원래 거절당한 뒤의 고통에 둔감해지는 것이 목적이다. 하지만 내 100번 거절당하기 실험은 '삶과 비즈니스에 대한 특별 집중 훈련'이라는 전혀 다른 방향으로 선회했다. 이제 대화 태도가 결과에 얼마나 중대한 영향을 미치는지 깨달았다. ==내가 당당하고 호의적이며 열린 마음을 가지면, 다른 이들도 내 부탁을 긍정적으로 대할 가능성이 높다.== 거절할 때조차, 적어도 부탁을 신중히 검토해준다. 내가 상황에 맞는 대화 방식을 찾아낸다면 승낙받을 가능성은 높아지고 동시에 거절당할 두려움은 줄어들 것이다.

어쩌면 거절은 생각보다 덜 이분법적일지도 모른다. 내가 원하는 것을 얻느냐 마느냐는 적절한 장소와 시간만이 중요한 것이 아니다. 결과에 영향을 미치는 뭔가가 있는 것이다. 거절 한 번에도 누가 누구인지, 상대가 누구인지, 무엇을 어떻게 몇 번 묻는지 등의 다양한 변수가 작용한다. 변수가 바뀌면 결과가 바뀌는 방정식처럼 이런 사실을 조금만 더 일찍 깨달았더라면 과거의 결과도 달라지지 않았을까.

스물다섯 살 때, 꿈꾸던 경영대학원에 들어갔다. 비즈니스에 대한 모든 것을 배우면 언젠가 조직의 리더, 경영자가 될 수 있을 거라고 생각했다. 학자금 대출을 받아 8만 달러를 쏟아붓고, 많은 경영 이론을 배우고 엑셀과 파워포인트의 달인이 됐다. 그런데 일주일도 채 되지 않은 거절당하기 프로젝트에서, 경영대학원에서보다 비즈니스와 인간의 심리에 대해 더욱 많은 것을 배웠다.

그리고 다른 변화도 일어났다. 자신감과 태도의 중요성을 깨달은 것이다.

경비원에게 100달러를 빌려달라고 접근한 지 일주일도 채 지나지 않아, 내 행동과 시각이 바뀌었다. 나는 여전히 스타트업 팀과 함께하고 있으며, 앱을 론칭하기 위해 노력했다. 그러나 불안감을 품고 회사를 이끄는 게 아니라 어느 때보다 몰입하고 있었다. 더 자주 미소 짓고, 훨씬 더 차분한 태도로 미팅에 임했다. 말할 때 다른 이의 눈치를 살피지 않고 자유롭게 의견을 내놨다. 칭찬이 아닌 피드백을 요구하며 비판을 개인적인 공격으로 받아들이지도 않았다. 비판을 받더라도 부정적으로 느끼지 않으니 피드백이 더 유용해졌다. 단순히 방향만 지시하지 않는, 조직원에게 묻고 귀 기울여 그 의견에 영향받는 리더가 된 기분이었다. 자신감이 치솟았다.

변화는 사업에만 그치지 않았다. 내 행동이 주변에 영향을 미친다는 사실을 알고, 아내와 친구들과도 훨씬 명확하고 신중하게 대화를 나누게 됐다. 100일의 도전이 얼마 되지 않았어도, 사람들은 내게서 자신감이 커진 것을 느낀다고 했다. 그리고 장인어른 역시 나를 다른 눈으로 봤다. 좀 더 존중하는 듯하다고나 할까.

홈 쇼핑에서 자기계발 제품을 판매하는 사람들이 말하듯 마법 같은 변화가 시작됐다. 그동안 열심히 일하면 꿈을 이루고 인생의 대전환이 일어난다는 식의 이야기에 휘말려선 안 된다고 생각해왔다. 그런데 지금은 정말 나답게 살고 있는 것 같았다. 나는 새롭고 짜릿하고 유용하기까지 한 깨달음을 얻는 중이었다. 다음에 무슨 깨달음을 얻을지 궁금해 기다리기 어려울 정도였다.

그때 지금껏 도전하고 배운 모든 것을 송두리째 뒤흔든 어떤 일이 일어났다.

내가 유명해진 것이다.

3장

거절을 당해보며 느낀 것들

거절당하기 도전 영상을 게시한 내 블로그의 트래픽이 서서히 늘어나고 있었다. 그중 도넛 도전이 가장 인기가 있어서, 업로드하자마자 순식간에 페이지 뷰가 수백을 넘어섰다.

그리고 누군가 그 영상을 레딧닷컴Reddit.com에 올렸다. 레딧닷컴은 이용자들이 뉴스나 엔터테인먼트 소식을 올리면 다른 사람들이 그 자료에 점수를 매기는 웹 사이트로, 점수가 높은 콘텐츠는 메인페이지에 올라가서 수만 명에게 노출된다. 'BHSPitMonkey'라는 유저가 "거절당하기 위해 이상한 주문을 하는 남자 – 도넛 가게 직원이 그의 도전을 멋지게 받아치다"라는 제목으로 내 동영상을 올리자마자 폭발적인 인기를 얻었다. 순식간에 1만 5,000명 이상이 '좋아요'를 눌렀고, 이틀 만에 레딧닷컴의 메인페이지에 올라갔다. 또한 1,200개가 넘는 댓글이 달렸다. 대부분은 재키에 대한 칭찬이었다.

세상에 이런 사람이 있다니. 정말 감동적이다. — userofthissite

피자 가게에서 매니저를 맡고있는데 나 자신을 돌아보게 됐다.

— Ghostronic

그녀가 돈을 받지 않는 순간 눈물이 났다. 나도 더 좋은 사람이 돼야겠다. — HectorCruzSuarez

그리고 크리스피크림도넛에 대한 댓글도 많았다.

이 영상을 보고 크리스피크림도넛에 대한 이미지가 좋아졌다. 모든 직원이 재키 같지는 않겠지만. — 익명

재키는 도넛을 파는 것 이상의 일을 크리스피크림도넛에 해준 셈이다. 회사 입장에서는 가치를 환산할 수 없는 홍보 효과를 얻었다.

— ubrpwnzr

크리스피크림도넛에 깊은 인상을 받았다. — Wingineer

고객 응대와 서비스에 대해 진심으로 칭찬하는 댓글들도 있었다.

마트에서 일할 때, 과연 내가 정말 친절한지 항상 의문을 품고 있었다. 이에 대해 더 깊이 생각할 계기를 얻었다. — mollaby38

이런 고객 서비스는 단골 고객 한 사람을 만들어내는 데 그치지 않고, 입소문을 타고 홍보 효과도 낳는다. — Peskie

그녀가 굉장히 행복해 보인다. 장담컨대 이런 행복감이 그날 하루뿐 아니라 한 주 내내 이어졌을 것이다. 일상의 사소한 차이가 큰 차이를 만드는 법이다. ― Benny0_o

주목을 받은 건 재키와 크리스피크림도넛뿐이 아니었다. 사람들은 나에 대한 댓글도 남겼다.

핵심은 위험을 감수하고 직접 맞부딪친다면, 거절당할 확률은 예상보다 낮아지고 오히려 멋진 일이 일어날 가능성이 높아진다는 것이다. ― demilitarized_zone
사실 이 여성은 그가 거절당하는 두려움을 극복하는 걸 돕고 싶었던 것 같다. ― 익명
두려움에 직접 맞서는 상황에 스스로를 내던짐으로써 두려움을 극복하려 한 이 남자는 나와 비슷하다. ― Mr.Miday

레딧닷컴은 시작에 불과했다. 그다음 주에는 내 이야기가 전 세계로 퍼졌다. 야후뉴스는 이 영상을 메인페이지에 게시했고, 고커닷컴, MSN.com, 허핑턴포스트, UK데일리메일, 타임스오브인디아에서 이를 실어 날랐다. 불과 며칠 만에 수백만 명이 도넛 영상을 봤다.

크리스피크림도넛도 홍보 효과를 봤다. 본사와 오스틴 지점에 재키 브

라운을 칭찬하는 전화가 빗발쳤다. 회사는 "정말 잘했어요, 재키! #마음따뜻한재키"라는 글을 트위터에 올려 공식적으로 재키에게 감사를 표했다. 분명 이 이야기는 사람들의 마음을 감동시켰다. 이 작은 행동으로 사람들의 마음이 따뜻해졌다. 실제로 경제적인 효과도 있었다. 영상이 입소문을 타고 퍼져나간 그 주, 크리스피크림도넛의 주가는 7.23달러에서 9.32달러로 급상승했다. 물론 이 영상 하나로 주가가 29퍼센트 상승하여 수천만 달러에 상당하는 규모가 움직였다는 사실을 과학적으로 입증할 수는 없지만, 적어도 방해 요소가 되지는 않았다고 확신한다.

동영상이 이슈가 된 날 나는 카페에서 일을 하고 있었다. 그런데 갑자기 내 핸드폰이 미친 듯이 울려댔다. 친구들과 가족들의 전화가 빗발치고 메일함은 새 메일로 넘쳤다. MSNBC, 〈스티브 하비 쇼〉, 폭스 뉴스 외에도 중소 라디오 방송 등 여러 매체에서 인터뷰 요청이 밀려들었다. 내 이야기를 책으로 내자고 하거나 방송에 출연해달라는 메시지로 내 음성 사서함은 꽉 찼다. 내가 가장 좋아하는 잡지인 블룸버그비즈니스위크에서도 나를 인터뷰해, "노 맨The No Man"이라는 제목의 기사를 실었다. 이 제목을 듣고 마치 내가 슈퍼히어로가 된 기분이 들었다.

할리우드에서도 관심을 보였다. 불과 며칠 만에 내 이야기를 토대로 TV 쇼를 제작하자는 리얼리티 쇼 프로듀서들도 나타났다. 내가 거절 전문가로서 다른 이들이 두려움을 극복하고 인생의 문제를 해결하는 걸 돕는 내용이었다. 그중에는 베스트셀러 소설 《호스 위스퍼러》와 시저 밀란이 개를 조련하는 인기 리얼리티 프로그램 〈도그 위스퍼러〉를 차용해서 만든, 〈거절 위스퍼러〉라는 제목의 프로그램도 있었다. 게다가 내 이야기를 토대로 시놉시스를 썼다는 영화 제작자 연락도 받았다. 실의에 빠진 노총각이 100일 동안 거절당하기 프로젝트를 겪으며 자아를 찾고 진정한 사랑을 만난다는 내용이었다. 내가 행복한 결혼 생활을 하고 있다거나 100일 도전이 이제 막 시작한 단계라는 것 따위는 무시한 내용이었다.

길에서 마주치는 사람들도 나를 알아봤다. 거리를 걷고 있는데 한 운전자가 속도를 서서히 줄이더니 나에게 손을 흔들며 "당신 동영상 정말 잘 봤어요!"라고 소리치고 지나기도 했다. 하루는 아내와 영화표를 사는데, 직원이 내 얼굴을 보고는 그 영상에 나온 분 아니냐며 함께 사진 찍어달라고 부탁했다. 물론 나는 "예스"라고 말했다. "노 맨"답게 "노"라고 대답할 수도 있었지만, 이런 팬 서비스에는 "예스"라고 해야 하지 않겠는가! 나에게 일어나고 있는 모든 일에 어안이 벙벙했다. 대체 이 영상의 어떤 점이 사람들의 마음을 건드린 걸까?

이런 일은 계속됐다. 거절당하는 두려움을 극복하려고 만든 영상 때문에, 내가 전혀 의도하지도 원하지도 않는 방향으로 휩쓸려가는 것이 믿기지 않았다. 거절당하기 도전 때문이 아니라 차세대 마이크로소프트나 구글을 설립해서 유명해진 것이라면, 이라고 상상하기도 했다.

그리고 상황은 훨씬 더 이상하게 흘러갔다.

토크쇼 진행자가 내 아들에게 노래를 불러주다

나는 리얼리티 쇼 〈서바이버〉의 오랜 애청자다. 드라마를 리얼리티 쇼로 옮긴 듯한 출연자들과 그들의 경쟁 구도가 재밌다. 무엇보다 에미상에서 진행자상을 받은 제프 프롭스트가 참가자들과 직접 교감하고 소통하는 방식을 좋아했다. 그래서 〈제프 프롭스트 쇼〉 프로듀서에게 출연 요청을 받았을 때 도저히 거절할 수가 없었다.

2주 후, 나는 CBS의 초대를 받고 할리우드에 갔다. 그들은 재키 브라운도 초대했다. 그날 이후 재키를 몇 번 더 만났는데, 볼 때마다 그녀의 겸손하고 품위 있는 행동에 감동을 받았다. 대기실에서 분장을 받으며 재키와 나는 오스틴의 크리스피크림도넛 매장에서 전국으로 방송되는 TV 프로그램에 출연하게 되기까지의 기묘한 여정에 대해 이야기했다. 동영상이 입소문을 타면서 수백 명의 사람들이 재키를 만나러 매장에 들렀다고 한다. 그녀는 여러 사람에게 환영받을 계기를 줘 감사하다는 인사를 건넸다. 하지만 그녀가 한 일은 그리 특별한 것도 아니며, 자신의 동료들 역시 자신과 똑같이 했을 거라고 했다.

담당 프로듀서는 한 사람을 더 섭외했다. 내게 영감을 준 거절 치료법의 창안자 제이슨 컴리였다. 그를 처음 만났지만, 보자마자 마음이 통해 좋은 친구가 됐다. 그는 내 블로그 덕분에 자신의 사이트와 사업이 많은 관심을 받게 됐다고 했다. 또 힘든 시간을 겪은 그에게 내 동영상과 이야기가 위안이 됐다고도 했다.

카 레이서 다니카 패트릭의 차를 탄 듯 잔뜩 긴장됐지만, 거절당하는 두려움을 훈련한 덕분인지 놀랍게도 전국에 방송되는 쇼에 출연했다는 사실도 죽을 만큼 두렵지는 않았다. 아마 내가 이 세상에서 가장 지지와 인정을 받고 싶었던 삼촌이 객석에 앉아있었기 때문일 것이다. 내 어린 시절의 롤모델이었고 삼촌의 이름을 따서 아들의 이름을 지을 만큼 존경했지만, 14년 전 그분에게 내 꿈이 무시된 후 나는 무력해졌고 자신감을 잃었다. 바로 그 삼촌이 방송에 출연하는 조카를 보러 샌디에이고에서 달려온 것이다. 응원의 미소와 자랑스럽다는 삼촌의 눈빛을 보니 나는 세상에서 가장 운이 좋은 사람이라는 기분이 들었다.

방송 중 다른 거절당하기 도전을 시도할 용기가 솟아났다. 녹화가 끝날 무렵 나는 제프 프롭스트에게 내 아들을 위해 〈반짝 반짝 작은 별〉을 불러달라고 부탁했다. 내 아들 브라이언이 가장 좋아하는 노래였다. 제프뿐 아니라 관객들 모두 그와 함께 노래를 불러줬다. 노래가 끝난 후 제프는 악수를 건네며 말했다. "축하합니다. 굉장한 일을 해냈어요. 바로 이 자리에서 말이에요. 앞으로 더욱 용기 있게 도전에 나서기를 기원합니다."

언론과 대중에게 주목받는다는 것도 굉장하지만, 내가 가장 놀라웠던 사건은 내 영웅에게서 메일 회신을 받은 일이었다.

나는 콜드 콜(사전 접촉 없는 일방적인 연락 – 옮긴이)이나 콜드 이메일로 다른 사람에게 접촉하는 것을 꺼린다. 무시되거나 거절당할 가능성이 높기 때문이다. 특히 바쁜 유명인들에게 거절당할 확률은 100퍼센트에 가깝다. 하지만 도전을 계속하면서 용기가 생겼고 내가 롤모델로 삼던 몇몇 사람들에게 메일을 보냈다. 스타트업 경영에 대한 조언이 간절했기 때문이다.

내가 메일을 보낸 사람 중에는 온라인 신발 쇼핑몰 자포스^{Zappos}의 CEO 토니 셰이가 있었다. 직장을 다닐 때 그의 책 《딜리버링 해피니스》에 감명받아 몇 번이고 반복해서 읽었다. 책에는 사업가가 되겠다는 어린 시절의 꿈과 링크익스체인지를 거쳐 훗날 자포스를 세우기까지 역경을 극복하고 꿈을 이뤄낸 과정이 담겨있다. 사업가를 꿈꾸는 같은 아시아 인으로서, 그의 야망과 그가 겪은 어려움에 공감했다. 나도 그처럼 영향력 있는 사람이 되기를 갈망했다.

어떤 식으로든 답변이 온다면 굉장한 일이다. 놀랍게도 토니의 비서에게 회신을 받았다. 토니가 영상을 보고서 내 도전을 좋아하게 된 덕분이었다. 자포스 본사가 있는 라스베이거스에서 만나 그가 추진하고 있는 라스베이거스 다운타운 프로젝트에 대해 이야기를 나누고 싶다는 메일이었다.

토니는 2012년 라스베이거스 다운타운 재생 프로젝트로 노후화된 라스베이거스 스트립을 라이벌인 오스틴, 샌프란시스코에 견줄만한 문화와 첨단 기술의 중심지로 탈바꿈시켰다. 다운타운 프로젝트는 지역의 사업자들에게 더 큰 비전을 제시하는 것이 핵심인데, 토니는 내 이야기가 그들에게 큰 영감을 줄 것이라고 생각했다.

  나에게 영감을 준 토니 셰이가 이번에는 영감을 불어넣어달라며 나를 초대하다니!

  일주일 뒤 나는 라스베이거스에서 강연을 했다. 도시 재개발을 상징하듯 컨테이너에 임시로 지은 강당이었다. 라스베이거스는 장기 침체의 직격탄을 맞았다. 주택 가치는 3분의 2 이상 급락했고, 호황기에 이주해온 사람들은 파산했으며, 많은 이들이 새 출발을 위해 다른 곳으로 떠났다. 남은 사람들은 그들의 도시가 세상으로부터 외면받았다고 느꼈지만, 도시 재건과 사람들의 사기 진작을 위해 힘겹게 노력하고 있었다.

  강단에 올라 꿈을 위해 다니던 직장을 그만두면서부터 투자를 거절당하고 100일간의 도전을 하며 겪은 마법 같은 경험까지, 내 꿈과 고군분투, 도전에 대해 이야기했다. 그리고 청중들에게 포기하지 말고 남들 시선도 신경 쓰지 말고 그들이 꿈꾸는 도시를 향해 나아가라고 용기를 북돋웠다.

  강연이 끝난 후 청중들은 기립 박수로 화답했다. 이 생애 최초의 경험에 완전히 감동받았다. 내 공포를 터놓고 이야기했을 뿐인데, 마치 그들에게 굉장한 호의라도 베푼 양 사람들이 나를 둘러싸고 악수를 청하며 감사를 표하다니 믿기지 않았다.

  나를 둘러싼 사람들이 줄어들자, 토니 셰이가 나를 자신의 사무실로 초대했다.

나처럼 사업가를 꿈꾸는 사람들에게 토니는 슈퍼히어로다. 내가 그런 사람의 사무실에 앉아있다니 꿈만 같았다. 그가 아이언맨 복장을 하고 나를 태워줬어도 그리 놀랍지 않을 정도였다. 토니는 비즈니스 이야기를 시작했다. 그는 나를 빤히 보고는 물었다. "라스베이거스에 와서 나와 일해보는 건 어때요?"

라스베이거스에서 오스틴으로 돌아오는 비행기 안에서 창밖을 바라보았다. 라스베이거스 스트립의 불빛이 희미해지다 마침내 사라지고, 완전히 암흑이 됐다. 들리는 소리는 비행기 엔진 소리뿐이었다.

몇 시간 전, 토니 셰이는 나에게 비즈니스 제안을 했다. 내가 라스베이거스로 오면 그가 구상한 새로운 사업을 나에게 맡길 것이다. 그러면 나는 전문 강연가로서 전국을 돌아다니며 각종 회의와 기업체에서 영감을 주는 강연을 할 것이다. 토니 셰이는 내가 미처 몰랐던 강연가로서의 내 재능을 사고 싶은 것이다.

그가 뭐라고 하든 간에 승낙하고 싶은 충동이 너무 강해서 그 자리에서 바로 그러겠노라고 할뻔했다. 하지만 라스베이거스로 이주하면 이제 막 세운 회사를 그만둬야 한다는 뜻인데 이건 다른 이들이 관련된 문제였다. 나는 생각할 시간을 달라고 했다.

비행기에 앉아 자문했다. 무슨 일이 일어난 거지? 투자자에게 거절당하고 한 달도 지나지 않아 장난처럼 도넛을 주문한 일이 신문과 잡지에 알려지고, 그러다 전국 방송까지 출연하고, 이제는 토니 셰이가 전국을 무대로 함께 일하자고 하지 않는가. 투자자가 거절하기 전까지, 이것은 나의 또 다른 꿈이었잖은가? 그렇다면 계속해야 할까, 아니면 꿈에서 깨어나야 할까?

하지만 이건 몽상이 아니었다. 선택을 해야만 했다. 리얼리티 쇼의 거절 컨설턴트가 될까? 거절 치료를 받으며 진정한 사랑을 찾는 할리우드 영화 속의 우울한 사내가 될까? 내 우상인 토니 셰이와 일을 할까? 아니면 거절당하기 블로그를 계속 운영하며 내 사업과 씨름하는 원래의 일상으로 돌아가야 할까?

우리 팀 동료들과 앱을 사랑하는 만큼이나, 이제 막 열린 기회의 문을 못 본체하고 일상으로 돌아가는 것도 현명하지 못한 일 같았다. 15분 만에 명성을 얻기는 결코 쉽지 않은데, 내 경우는 엄청난 행운이었다. 갑작스런 유명세로 얻은 새로운 기회를 활용하고 싶다면, 새롭게 열린 기회 중 무엇이 장기적으로 봤을 때 중요한지 판단해야 했다. 어쩌면 모든 걸 합쳐야 할지도 모르겠다.

토니 셰이의 제안은 다른 누군가의 밑에서 일하던 때로 돌아간다는 점에서 적절하지 않다고 생각했다. 내 인생의 목표는 언제나 세상에 긍정적인 영향을 미치는 것이었다. 명성과 유명세는 결코 고려 대상이 아니었다. 갑작스런 유명세에 힘입는다고 생각하니 마음이 불편했다.

그리고 나는 마음의 준비가 되지 않았다. 내가 멋진 이야기의 주인공이고, 그것을 잘 전달하는 능력이 있다는 것을 이제 막 깨닫기는 했다. 하지만 거절당하기 도전을 막 시작했는데 벌써 전문가라도 된 듯 보이고 있었다. 에베레스트 산 등정을 시작해 이제 막 베이스캠프를 세웠는데 세상 사람들이 나를 치켜세우고 위대한 탐험가라며 왕관을 씌워준 꼴이었다. 그러나 나는 산의 마지막까지 올라가고 싶었다.

그런데 지금의 기회가 훗날 내가 준비됐을 때까지 기다리고 있을까?

만약에 사람들이 한 걸음 더 내딛는다면

여기까지 생각하니 지끈지끈 두통이 찾아왔다. 다른 생각을 하기 위해 노트북을 켜 메일을 확인했다. 읽지 않은 메일이 1,000통이 넘었다. 도넛 영상이 입소문을 탄 이래, 내 메일함은 전 세계에서 온 팬레터로 가득 찼다. 내 영상이 놀라웠다는 가볍고 즐거운 내용도 있었지만, 대부분은 그 영상을 진지하게 받아들이고 거절당하는 두려움에 맞서는 용기를 얻기 위해 같은 방법을 사용해본 사람들의 메일이었다.

마이크의 메일을 보자.

딸이 링크를 보내줘 당신의 거절당하기 도전을 거의 처음부터 다 봤습니다. 당신의 여정은 나에게 웃음과 즐거움, 힘을 줬습니다. 덕분에 소극적이었던 내 삶에 힘을 얻었습니다. 감사합니다. 지금껏 나는 사람들에게 다가가 간단한 질문을 하는 것도 힘들었습니다. 점원, 웨이터처럼 서비스 업무를 하는 사람들에게도요. 맥도널드에서 케첩 달라고 하는 일조차 아이들을 보내기도 했습니다. 너무 긴장됐거든요. 새롭게 힘을 얻은 덕분에 굉장히 중요한 시기를 잘 극복할 수 있었습니다. 작년 5월, 제 아내는 암 판정을 받고 최종 진단을 받기까지 8개월간 병원을 오가야 했습니다. 덕분에 의료 보험 제도의 허와 실을 제대로 깨닫게 됐지요. 그 과정에서 사람들과 많이 이야기하고 질문을 해야 하더군요. 아내의 암 치료 과정에서 질문할 때마다 두려워지면 나는 당신을 떠올리며 앞으로 나아갈 힘을 얻었습니다. 당신이 이렇게 도전을 공유한 덕에 용기를 얻었습니다. 정말 감사합니다.

다음은 리자이나의 편지다.

저는 뉴욕과 필라델피아에서 활동하는 배우예요. 당신의 프로젝트는 정말 굉장해요. 배우들은 다른 사람들보다 훨씬 더 많이 거절당해요. 모든 오디션은 일종의 취업 면접이에요. 가장 큰 공포는 다른 사람이 더 낫기 때문에 역할을 따내지 못하는 거예요. 그래서 의기소침해지고 마음의 상처를 받기 쉽죠. 일상 속에서 간단한 질문을 하는 일조차 땀이 날 지경이에요. 유튜브에서 당신의 영상을 보고, 당신처럼 다른 사람에게 다가가 간단한 질문을 해봐야겠다는 생각이 속에서 꿈틀거리더군요.

나는 매번 실제보다 훨씬 나쁜 결과를 상상했어요. 누군가 나에게 소리를 지르거나, 놀리거나, 바보 취급하거나 쫓아내진 않을까? 오디션에서도, 캐스팅 디렉터가 한참 연기하는 것을 끊고는 재능도 없는데 어떻게 연기 전공 석사 학위를 땄는지 모르겠다고 말할 것만 같았어요. 내 마음에는 아직 나오지 않은 결과를 말도 안 될 만큼 부정적으로 상상하곤 했어요. 거절당하는 공포는 사람을 마비시키고 제대로 설 수 없게 하지요. 다음에는 당신이 어떤 도전에 나설지 굉장히 기대되네요. 이 도전으로 당신이 많은 걸 깨달았겠지만, 무엇보다 타인에게서 인정과 인간애를 느꼈다는 점이 중요한 것 같아요. 영상을 보면서 많은 걸 배웠는데, 특히 긍정적인 마음이 얼마나 중요한지 절감하게 됐답니다. 앞으로도 행운을 빌어요!

이런 메일이 수백 통씩 쏟아졌다. 모두 나처럼 거절당하기 여정에 나선 이들이었다. 그들의 이야기를 읽으면 겸손해지면서도 그들이 두려움을 극복하는 데 어떤 식으로든 도움이 된 것 같아 영광스러웠다. 한편으로는 경이롭기까지 했다. 내 행동이 알지 못하는 사람에게 영향을 미치다니! 내 도전기에서 엔터테인먼트적 가치를 찾아낸 매체들도 계속 연락했다. '거절당하려 했지만 오히려 오류기 도넛을 받은 사나이'는 완벽한 이야기 소재였다. 하지만 보통 사람들, 그러니까 나 같은 사람들은 달랐다. 그들은 내 도전기를 재미로 받아들이지 않았다. 두려움과 씨름하는 내가 그들을 대표한다고 여기며 내 성공이 그들에게도 관련이 있다고 생각하는 것 같았다.

지금껏 나는 거절에 대한 공포를 희귀병이라고 생각했다. 끔찍하고 고통스럽지만 전 세계에서 극소수만이 감염되는 기니벌레병처럼 말이다. 그저 내가 운이 없거나, 과보호를 받으며 자라 내성적인 성격이 됐거나, 혹은 속을 드러내지 않는 문화의 나라 출신이라서 타인의 거절이 두려웠다고 생각했다. 메일이나 댓글이 쏟아지기 전까지 다른 사람들도 나와 같으리라곤 생각지 못했다. 하지만 사람들이 동병상련의 경험을 전해주면서, 거절의 두려움은 비단 나만의 어려움이 아니라는 사실을 깨달았다. 이건 보통의 문제였던 것이다.

나는 경험상 이 두려움이 굉장히 부정적인 영향을 끼친다는 것을 알고 있다. 나처럼 거절을 개인적인 비난으로 인식해서 고통스럽고 부정적으로 받아들이고, 뭔가를 요구하기보다는 표준에 따르고 거절당할 가능성을 피하기 위해 위험을 감수하지 않는 사람들의 이야기를 들었다. 펼쳐보지 못한 야망, 놓친 일자리, 미처 깨닫지 못했던 사랑, 결국 만들지 못했거나 다른 이가 만들어버린 발명품 등 가슴 아픈 사연을 만났다. 그중 가장 나쁜 점은 이런 것들을 요구하거나 시도조차 못한 채 '만약에'라는 생각만 뇌리에 남는다는 사실이었다.

호주의 간호사 브로니 웨어가 죽어가는 환자들을 보며 쓴 가슴 아픈 회고록 《내가 원하는 삶을 살았더라면》을 읽은 적 있다. 그녀는 호스피스에서 임종을 앞둔 환자들을 인터뷰하며 살면서 가장 후회되는 일이 무엇인지 물었다. 가장 많이 나온 대답은 "다른 사람의 기대에 맞추려 하지 않고, 용기 있게 내가 원하는 삶을 살았더라면"이라는 후회였다.

우리 모두 그런 용기가 있었다면? 사람들이 거절당하는 두려움에 사로잡히지 않았더라면? 거절을 수치스럽고 개인적인 실패가 아니라, 협의할 수 있는 것으로 생각했더라면? 그리고 두려움을 말하는 데 그치지 않고, 극복할 방법을 찾았더라면?

거절을 두려워하던 사람이 갑자기 두려워하지 않게 된다면 무엇을 할 수 있을까? 모든 일을 더 잘하게 되지 않을까? 화가나 음악가가 다른 사람의 의견을 두려워하지 않는다면 자신의 내면을 더욱 깊이 들여다보고 진정으로 자신을 반영한 작품을 만들 수 있지 않을까? 영업 사원이라면 몇 번의 거절에 의기소침해지지 않고, 잠재 고객들에게 전화 한 통이라도 더 하고 더 많은 고객을 만나지 않을까? 만일 부모라면 아이들의 요구에 휘둘리지 않고 자신의 교육 철학대로 아이를 기를 수 있지 않을까? 기업이라면 주주의 눈치를 보지 않고 세상을 이롭게 할 혁신적인 제품이나 서비스를 출시할 용기를 내지 않을까?

평생토록 나는 사업가가 되고 싶었다. 수많은 사람들에게 도움이 될 뭔가를 만들고 싶었다. 하지만 내면의 다른 욕구와 정면으로 충돌했다. 뜻하지 않게 이 지구상 많은 이들이 공감할만한 욕구에 발이 걸려버렸다.

유명한 벤처 창업 투자사인 와이콤비네이터의 창립자이자 사업가인 폴 그레이엄이 한 말이 있다. "아이디어를 얻기 위해서는 아이디어를 억지로 쥐어짜기보다는 문제점, 특히 자신의 문제점을 찾아야 한다." 지금껏 나는 멋진 아이디어로 앱을 론칭하는 일에 전력투구했다. 하지만 이제 사람들이 거절당하는 두려움을 극복하는 걸 돕는 일에 더 큰 의미를 느낀다. 이 일이 어떻게 될지 혹은 내 미래에 어떤 영향을 미칠지 잘 모르겠지만, 프로젝트의 남은 기간은 '거절당하는 두려움을 극복하는 방법'이라는 새로운 발명품을 만드는 실험을 할 것이다.

마이크, 리자이나를 비롯한 많은 이들의 메일을 읽고, 갑작스러운 유명세를 큰 시각으로 바라보게 됐다. 비행기가 공항에 도착했고, 가족들에게 내 결심을 전하고 싶은 욕심에 서둘러 복도에 나갔다. 비행기에서 내려 통로를 지날 때 찬 바람이 느껴졌다. 마치 아무도 밟지 않은 넓은 눈밭을 지나던 대학 첫날 같았다. 이제 내 인생 최대의 기회가 찾아왔다. 모든 게 새롭게 보였다. 그리고 모든 게 가능할 것만 같았다.

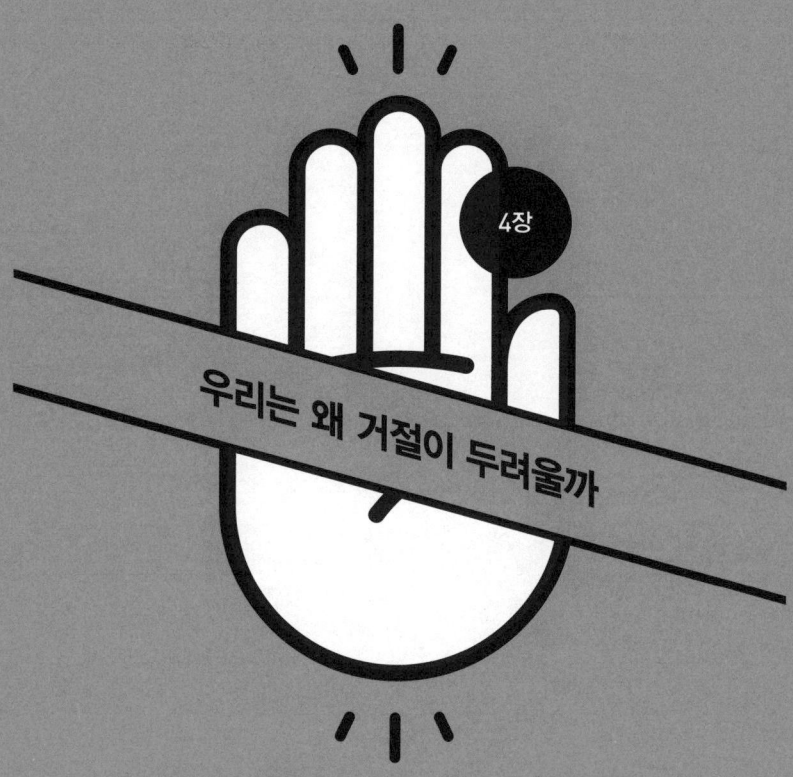

4장

우리는 왜 거절이 두려울까

앱 개발을 그만두고 앞으로의 방향을 전면적으로 수정하겠다고 결정하는 것은 쉽지 않았다. 프로젝트의 성공 가능성을 포기하고 소중한 팀원들과도 헤어진다고 생각하니 특히나 힘들었다. 하지만 그들 역시 내 블로그에 대한 대중들의 관심과 유명세에 놀라, 그 편이 훨씬 더 의미 있겠다는 점에 동의했다. 더불어 그들은 이런 결과를 얻기까지 자신들도 간접적으로 기여했다고 생각하고, 이를 자랑스럽게 여겨줬다. 우리는 거절에 대해서 기술이 필요할 때 다시 뭉치기로 했다.

이제 나는 새로운 일이 생겼다. 하루 종일 거절당하는 것이다.

세상을 대표해 거절당하는 것이니만큼, 최대한 다양한 주제를 찾아야 했다. 스포츠 팀이 경기 전에 경기 영상을 보거나 스카우팅 리포트를 읽으며 상대의 전력을 분석하듯, 나도 이 엄청난 상대를 잘 알아보기로 했다.

가장 먼저 한 온라인 조사는 별다른 성과가 없었다. 대부분 용기를 북돋워주는 명언, 세일즈 코치, 자기계발 구루들의 얄팍한 이야기뿐이었다. 성공, 카리스마, 리더십, 협상, 실패 등 관련 주제에 비해 일상 속 거절이

나 거절 그 자체에 대해서는 쓸만한 게 거의 없었다. 온라인의 수많은 조언은 세 가지로 요약할 수 있다.

1. 누구나 거절당할 수 있다.
2. 거절을 개인적인 비난으로 받아들이지 마라.
3. 좌절하지 말고 다시 나아가라.

뭐, 모든 사람이 이렇게 행동할 수만 있다면 두말할 나위 없이 좋은 일 아닌가. 거절당하는 두려움에 대한 대부분의 시각은 이다지 단순하다. 일상 속에서 많은 이들이 거절을 당하고 당사자들은 속이 뒤집어지는데도, 거절이 어쩌다 한 번 일어나거나 잠깐 불편하고 말 일이라고 여긴다. 한 사람의 능력이 영영 발휘되지 못할 수도 있는 위기라기보다 벌레에 물리거나 자동차 타이어가 터진 정도로 생각한다. 이 주제가 너무도 단순해서 더 이상 이해할 필요가 없다는 것일까. 그런데 이 때문에 일자리를 얻지 못하거나 승진을 못한다면? 영업 목표를 달성할 수 없다면? 사람들이 자신의 아이디어를 시시하다고 여긴다면? 사랑하는 여자가 청혼을 거절했다면? 이래도 심각하게 받아들이지 말라니! 그 감정을 털어내고 나아가라고?

거절당하는 두려움을 다스리는 일이 그렇게 간단하다면, 어째서 사람들이 느끼는 많은 두려움 중 거절당하는 두려움이 구글 검색 결과의 상위를 차지하는 걸까? 고통, 외로움, 질병을 누르고 말이다. 어째서 사람들은 자신의 꿈을 이루지 못한 걸 가장 후회하면서도 자신이 원하는 것 대신 다른 이의 기대에 맞추는 삶을 사는 걸까? 어째서 나는 삼촌에게 무시당하자마자 바퀴 달린 운동화 스케치를 서랍 구석에 묻어버렸을까? 결국 힐리스의 대성공을 지켜만 봤지 않는가.

내가 유약한 성격이라서? 그렇지 않다. 나는 10대 시절 영어가 전혀 통하지 않는 외국을 혼자서 여행했다. 현지인과 대화를 하고 새로운 문화에 적응하기 위해 노력하며 역경을 극복했다. 내가 유약한 사람이었다면 미국에서 직업을 갖고 자리 잡겠다는 꿈 따위는 버리고 이미 오래전 중국으로 돌아갔을 것이다.

나에게 거절당하는 두려움에 대한 편지를 보내는 전 세계 수천 명의 사람들 역시 단순히 유약하다고 단정할 수 없다. 일자리에서 쫓겨났거나, 승진에서 누락됐거나, 일방적인 이혼 요구를 당하는 등 충격적인 거절을 당하면 누구라도 인생이 흔들릴 것이다. 그런 사람들에게 "그리 심각하게 생각하지 마라"는 말은 모욕이나 조롱으로 들릴 수도 있다. 그러면 어째서 이 말이 그토록 거슬리는가? 생각할수록 궁금해졌다. 어째서 우리는 거절에 대해 더 많이 이야기하지 않는가? 어째서 거절이란 이토록 고통스러운가? 그리고 우리는 왜 거절당하는 것을 두려워하는가?

내가 조사한 것은 분명 빙산의 일각일 것이다. 나는 아직 발견하지 못한 조언과 지혜를 찾아, 이 질문의 답을 찾기로 했다. 경영학, 심리학, 역사학, 사회학, 자기계발과 행동경제학까지 강박적이라 할 정도로 매달렸다. 이렇게 몇 주를 보내자, 내 책상에는 책과 기사들이 산더미처럼 쌓이고 메일함은 거절이라는 주제의 구글 뉴스 알림으로 넘쳐났다. 수많은 노트를 작성하니 내가 마치 거절 학교의 교수라도 된 기분까지 들었다.

거절과 실패의 결정적 차이

사람들이 거절에 대해 말하지 못하는 것은 거절과 실패를 같다고 여기기 때문일 것이다. 많은 경우 거절이 실패로 이어지기는 하지만, 거절과 실패는 전혀 다르다. 벤처 기업이나 개인의 커리어가 실패했다면 운이 나빴다고 느끼겠지만 곧 납득하고 견딜 수 있다. 여러 요인이 작용했기 때문이다. 합리적 이유건 단순한 핑계건 실패한 원인을 찾기도 쉽다. 벤처 기업의 경우에는 아이디어가 시대를 너무 앞섰다거나, 시장이나 경제 상황과 맞지 않았거나, 기술적으로 제대로 구현하지 못했다는 등의 이유를 찾을 수 있다.

실패가 자신의 잘못이라고 해도 긍정적으로 마음을 바꿔 먹을 수도 있다. 자신과 잘 맞지 않는 일이라고 여기거나, 다른 일로 관심을 돌릴 수도 있다. 내 실수라고 인정할 수도 있다. 실수하지 않는 사람이 어디 있겠는가? "이번 경험에서 많은 걸 배웠어"라고 말하면 실제로 기분이 나아지고, 실패를 겪기 전보다 더 경험을 쌓고 더 현명해진 느낌이 든다. 실리콘 밸리의 사업가들은 실패의 경험을 명예 훈장처럼 여기기도 한다. 빨리 실패하고 그 실패를 교훈 삼아 제품을 개발한다는 린스타트업$^{\text{lean start-up}}$ 개념처럼 말이다.

사업가들은 실패한 경험을 말하거나 듣고 싶어 한다. 실패는 성공의 발판이 되기 때문이다. 유명한 사업가들도 거물이 되기까지 얼마나 많은 실패를 겪었는지 떠벌리지 않는가. 스포츠에서도 한 주 혹은 한 시즌의 실패 뒤 결국 승리를 거머쥐는 성공담이 더 인기다. 실패는 성공의 전제 조건이다. 최신 유행처럼 멋지게 느껴지기까지 하다.

반면에 거절에는 멋진 구석이라고는 없다. 이는 상대가 다른 편에서 나에게 "노"라고 말하는 것이며, 대부분 직접적이다. 거절이란 다른 이가 나를 믿어주기를 원했지만 그렇지 않았다는 의미다. 나와 같은 시선으로 같은 생각을 해주기를 원했지만 동의하지 않으며 오히려 내가 부족하다고 판단하는 것이다. 그래서 거절을 받는 많은 이들이 심각한 상처를 받는다. 거절은 단순히 내 요청에 대해서가 아니라, 내 성격·외모·능력·지적 능력·성향·문화·신념 등을 향해서 한 것이라고 여기니 말이다. 거절한 상대가 마음의 상처를 주려는 의도가 없어도, 결국 그렇게 된다. 거절은 거절하는 이와 거절당하는 이 사이의 불공평한 관계이며, 전자보다는 후자에 더 큰 영향을 미친다.

거절을 당하면 그 원인을 경제 상황, 시장 경기, 다른 사람 등 외부에서 찾기가 힘들다. 거절당한 충격을 건강한 방식으로 해소하지 못한 사람에게는 두 가지의 나쁜 선택만 남게 된다. 거절당할만했다고 자신을 자책하며 수치심과 무력감에 빠져 허우적대거나, 거절이 부당하다고 느끼면 다른 이를 탓하며 분노와 복수심을 불태운다.

콜게이트대학교의 사회심리학자인 케빈 칼스미스 박사는 부당한 일을 겪은 사람들을 대상으로 실험을 했다. A그룹에게는 복수할 기회를 줬고, B그룹은 그렇게 하지 않았다. 그리고 난 뒤 그들의 감정을 조사했다. A그룹은 모두 복수할 기회를 잡았다. 그런데 이들 모두 B그룹보다 기분이 더 나빠진 채 끝났다. 흥미로운 점은 B그룹은 상대에게 복수하면 자신의 기분이 나아질 것이라고 믿었다는 것이다.

인간은 거절당하면 복수심을 품고, 거절한 상대방에게 그들이 얼마나 잘못했는지 보여주면 기분이 나아질 것이라고 생각한다. 하지만 그들의 생각과는 달리, 실제로 복수를 행동에 옮긴 사람들은 오히려 기분이 나빠진다. 이것은 안전한 실험실 환경에서 잠깐이나마 인간 본성을 들여다본 것에 불과하다. 하지만 여전히 현실에서도 총격 사건이나 염산 테러 같은 불운하고 비극적인 사고가 만연하다. 모두 거절당한 후 복수하려는 인간의 욕망 때문이다.

거절을 당하면
실제로 몸이 아프다

몇 년 전 가을, 나는 아내와 이탈리아 여행을 갔다. 몇 년간 준비해온 여행이었기에 꿈같은 휴가를 보내리라 기대했지만 이틀 만에 최악의 휴가가 되고 말았다.

콜로세움으로 가던 중 방향을 잘못 들어 길을 잃은 것이 시작이었다. 이 실수 때문에 교외로 나가는 버스를 놓치고 꼼꼼히 알아보고 준비했던 당일치기 전원 여행을 취소했다. 그리고 카메라를 소매치기당해, 휴가 동안 찍은 사진을 모두 잃어버렸다. 마치 우리가 도착하기 전에 이탈리아에서 우리 휴가를 망치기 위한 모임이라도 만든 것 같았다.

해 질 녘, 끔찍한 기분으로 몸도 마음도 너덜너덜해져 호텔로 돌아가고 있었다. 그런데 갑자기 트레이시가 배를 쥐며 허리를 숙였다. 지병인 만성 위통이 도진 것이다. 이탈리아 길 한복판에서 찌르는 듯한 고통을 호소하는 그녀를 위해 최대한 빨리 약을 사려고 했지만 약국을 찾지 못했다. 설상가상으로 우리는 이태리어를 한마디도 못했다.

로마의 가게는 대부분 9시면 문을 닫는다. 저녁 8시 50분쯤, 다행히 문 닫기 직전의 가판대를 발견했다. 가판대라면 가까운 편의점, 슈퍼마켓 혹은 약을 팔만한 가게를 알려줄 수 있겠지!

트레이시가 매대의 창문에 대고 물었다. "안녕하세요, 혹시 가까운……."

창문 너머의 여자는 우리를 보더니 질문을 미처 마치기도 전에 "몰라요"라고 대답하고는 벌떡 일어나 창문을 닫고 밖으로 나와 물건을 챙겨 넣었다. 우리와 말을 섞지 않으려고 10분 일찍 문을 닫는 것이다.

나는 화가 치밀어 올랐다. 어떻게 이런 식으로 우리를 대할 수 있지? 아내가 이렇게 고통스러워하며 도움을 청하는데! 우리가 이태리어를 한마디도 못하는 관광객이라서? 우리의 질문하는 태도가 그 지역의 예법에 맞지 않았던 걸까? 손님은 말을 걸면 안 되는 걸까?

분노에 좌절감이 더했다.

"이봐요!" 나는 창을 두드리고 싶은 마음을 억누르며, 허공에 주먹질을 하며 닫힌 창문에 대고 고함을 질렀다. 이 여자에게 예절과 존중을 가르쳐야겠다는 생각뿐이었다. 나 역시 예절과 존중을 내팽개쳤다는 건 잊은 채 말이다. 그때 갑자기 트레이시가 내 어깨에 손을 얹더니 끌어당겼다. 고개를 돌리니 그녀가 눈물을 흘리고 있었다.

어지간한 일로는 울지 않는 트레이시가 울다니, 보통 심각한 게 아니었다. 즉시 분노는 걱정으로 바뀌었다. 이제 상점이 문 닫을 시간이 8분밖에 남지 않았다. 가판대에서 욕설 섞인 인간애 강의를 하고 있을 때가 아니었다. 우리는 발걸음을 재촉했다. 다행히 멀지 않은 곳에서 편의점을 찾아 필요한 약을 샀다.

그날 밤, 트레이시는 위통이 아니라 그 여자의 행동 때문에 눈물이 났다고 말했다. 가판대 주인이 퉁명스럽게 눈앞에서 가게 문을 닫자, 분노와 더불어 명백한 이유 없이 거절을 당해 상처받았다고 했다. 그때 트레이시가 눈물 흘린 진짜 이유를 알지 못해서 다행이다. 그렇지 않았더라면 나중에 후회할만한 말을 하거나 무슨 짓을 저질렀을지도 모르겠다.

다음 날부터 점점 괜찮아졌다. 친절한 사람들을 많이 만났고, 피렌체와 베네치아의 낭만적인 거리를 걷고, 이탈리아에 오면 반드시 먹어봐야 한다는 음식들을 즐겼다. 하지만 다른 사람과 이야기하는 횟수는 평소보다 줄었고, 다시는 낯선 이에게 길을 묻지 않았다.

전에 만난 적도 없고, 다시 만나지도 않을 사람이 무례하게 거절한 것이 어떻게 나와 아내의 감정에 이토록 큰 영향을 미쳤을까? 가판대의 여자는 트레이시에게 육체적인 상처를 입히지는 않았지만, 그녀의 거절은 괴로운 위통보다 더 고통스러웠다. 이 고통에는 생물학적인 이유가 있었다.

인간이 육체적으로 고통을 느끼면, 뇌는 고통을 줄이고 안정을 찾도록 오피오이드라는 진통 물질을 내보낸다. 최근 미시간대학교 의대 연구팀은 사회적으로 거절당했을 때도 뇌에서 오피오이드를 내보내는지 알아보는 연구를 했다.

연구팀은 참가자들에게 사진과 가상 프로필을 보여주고 데이트하고 싶은 상대의 리스트를 작성하게 했다. 그 뒤 뇌 스캐너를 이용해 데이트하고 싶다고 했던 상대에게 거절당했을 때 참가자들의 뇌 활동 양상을 관찰했다. 참가자들의 뇌는 거절당한 즉시 육체적 상처를 입었을 때처럼 오피오이드를 내보냈다. 더 흥미로운 것은 참가자들이 실험을 시작하기 전 이미 상대의 프로필과 데이트 거절이 가짜임을 알고 있었다는 점이다. 하지만 놀랍게도 그들의 뇌는 이런 사실은 고려하지 않고 오피오이드를 마구 뿜어냈다.

"거절을 개인적인 비난으로 받아들이지 말라"는 조언은 거절당한 이에게 큰 도움은 안 된다. 거절에 으레 따라붙는 모욕감은 결코 말뿐이 아니다. 그러니 이탈리아에서 트레이시와 내가 알지도 못하는 사람에게 그토록 감정이 상한 것도 놀라운 일이 아니다. 우리의 뇌는 가판대 주인이 창문을 닫는 것이 우리에게 벽돌을 던진 것과 같다고 인식하니 말이다.

거절의 두려움이 인생을 방해한다면

뇌에서 거절의 고통을 화학적으로 인지한다면, 거절에 대한 본능적 두려움을 발전시킬 수도 있지 않을까. 처음 만난 자리에서 질문을 하거나, 용기를 내어 뭔가 부탁하려 할 때마다 식은땀 범벅이 되는 건 끔찍하다. 과거에 이렇게 진땀 흘렸던 기억이 날 때 그 악몽을 극복하고 다시 도전하는 건 더 어렵다.

적어도 인간의 뇌에서는 거절의 고통을 육체적 고통과 똑같이 인지하니, 많은 사람들이 거절당하는 것을 두려워하는 게 당연하다. 모욕감에 용기가 꺾이지 않는 사람이 어디 있겠는가? 하지만 거절당하는 두려움을 포함한 우리의 두려움은 실제로 인류 진화의 뿌리다.

   거절에 관련된 두려움과 고통에 대한 많은 연구 자료를 읽으며, 공포가 목숨을 구할뿐더러 실용적이기까지 하다는 흥미로운 사실을 알았다. 본능적으로 유해하다고 느끼는 것들을 피할 때 우리는 평소보다 빠르게 반응한다. 치명적인 독거미를 보면 평소 다람쥐를 뒤쫓을 때보다 훨씬 빠른 속도로 달아나는 것처럼 말이다.

   연구진은 포유류가 자신에게 해가 되는 요인을 피하려는 두려움과 민첩함 덕분에 진화해왔다고 결론을 내렸다. 두려움은 인간의 생존에, 적어도 사막이나 초원에서 살 때는 필수적이다. 뱀을 두려워하지 않았다면 훨씬 더 많은 이들이 뱀에 물려 목숨을 잃었을 테고, 밀폐된 공간에 대한 두려움이 없었더라면 훨씬 더 많은 이들이 하수관이나 지붕 밑 배선 공간에 갇히고 말았을 것이다.

   거절당하는 두려움도 이와 다르지 않다. 아주 옛날, 동굴에 살며 거대한 매머드를 사냥하던 선조들은 무리를 이루고 협력해야만 생존할 수 있었다. 동료들의 거부나 외면은 곧 늑대와 사자에 홀로 맞서야 한다는 뜻이었다. 사회적 거절이 사형 선고와도 같았던 셈이다. 이런 본능이 DNA를 타고 지금껏 이어져, 거절당하면 죽을 듯 고통스러운 것이다.

   이 이론을 접하고, 거절에 대한 내 극심한 두려움이 어느 정도 완화된 기분이었다. 내 본능은 생존을 위해 애쓰고 있었던 것이다!

하지만 오스틴에 포효하는 매머드 따위는 없다. 사회적으로 거절을 당한다고 해서 위험한 야생에 혼자 버려지지 않는다. 거절에 대한 두려움으로 우리 선조들은 무리에서 쫓겨나지 않고 살아남았지만, 이 이론을 현대 사회에는 적용하기 힘들다. 사실, 안전장치라기보다는 부담에 가깝다. 거절당하는 두려움을 인체 장기에 비유한다면, 심장보다는 맹장일 것이다. 하지만 영향력은 급성 맹장염보다 치명적이다. 거절당하는 두려움 때문에 새로운 일에 도전하지 못하는 증상은 응급실에 한 번 갔다 오는 것으로는 해결되지 않기 때문이다.

나 역시 거절당하는 두려움 때문에 사업가가 되겠다는 꿈이 있어도 10여 년 동안 조용히 물러나 있지 않았던가. 그런데도 이 두려움이 수백만 명의 목숨을 살렸다고? 죽을 때 후회하는 것들의 목록이 굉장히 가슴 아픈 내용으로 가득할 텐데! 짜릿하고 흥미롭고 인생을 바꿀만한 아이디어인데도 무리에서 쫓겨날까봐 두려워 행동하지 못한다니!

비행기에서
안전 수칙 안내하기

사물을 있는 그대로 바라보고 이유를 묻는 사람들이 있다. 나는 지금껏 누구도 꿈꾸지 않은 것을 꿈꾸며, 왜 안 되냐고 묻겠다. — 로버트 케네디

100일간 거절당하기를 도전하는 동안, 나는 주문처럼 이 격언을 되뇌었다. 이 격언을 읊조리며 물러나 도전을 포기하라는 본능의 소리를 물리쳤다. "안 될 게 뭐야"라고 말하고 나면 언제나 '하지 않을', 적어도 시도도 하지 않을 합리적인 이유가 없음을 깨달았다. 어느 날은 내 생일도 아닌데 식당 직원들에게 생일 축하 노래를 불러달라고 했다. 그들은 부탁을 들어줬다! 한번은 동물보호협회에 개 한 마리를 하루 동안 빌릴 수 있는지도 물었다. 개에게 즐거운 하루를 선사하겠노라 약속했지만, 그들은 거절했다. 하루는 자선냄비 앞에서 종을 울리고 있는 구세군에게 다가가, 그를 대신해서 종을 울려도 되는지 물었다. 그는 허락했고, 우리는 한참을 함께 종을 울렸다.

'안 될 게 뭐야' 도전을 이어가던 중 특별한 경험을 했다. 오스틴 공항 주차장에서 터미널로 달려가는데, 불현듯 아이디어가 떠올랐다. 보통 나는 승무원들이 이륙 전 비상시 안내 방송을 할 때면 핸드폰을 보거나 멍하니 앉은 채 귀 기울이지 않는다. 이걸 내가 해보면 어떨까? 비행기에 탑승하면 승무원에게 그들을 대신해서 비상시 대처법에 대한 안내 방송을 해도 되는지 물어봐야겠다. 내가 애용하는 사우스웨스트항공사는 고객 중심의 문화와 별난 이벤트로 유명하다. 그들이 허락만 한다면, 분명 승객들도 귀 기울여 들을 것이다. 물어보기만 하는 데 손해 입을 일도 없지 않은가?

하지만 긴장은 됐다. 나는 심호흡을 한 후 용기를 내어 승무원에게 다가갔다. 그의 이름은 제프였다.

"제가 여러분들 대신에 이륙 전 안내 방송을 해도 되겠습니까?" 항상 이 항공사를 애용하는 고객이라고 밝힌 뒤 이렇게 물었다.

제프는 내 요청에 그리 놀란 듯 보이지 않았다. 그는 법적으로 모든 승객들은 비상시 안내 방송이 나오는 동안 좌석에 앉아있어야 해서 나는 안내 방송을 할 수 없다고 설명했다.

대신 제프는 깜짝 제안을 했다.

"하지만 괜찮으시다면 환영 인사 정도는 하실 수 있습니다."

나는 그의 제안에 놀라 입을 다물지 못하다 말을 이었다. "좋아요. 환영 인사를 하겠습니다. 멋진 경험이 되겠네요."

제프의 제안은 원래 내 아이디어보다 훨씬 좋았다. 원고를 외우거나 읽을 필요 없이 자유롭게 하고 싶은 말을 할 수 있으니 말이다. 하지만 승객 130명 앞에서 즉흥 연설을 해야 한다는 다른 문제가 생겼다. 성취감이 두려움으로 바뀌며 손바닥에 땀이 맺혔다.

제프는 안전벨트 착용과 비상시 탈출구, 화장실 이용 등에 대한 일반적인 안내를 마친 후 나에게 앞으로 나오라는 신호를 보냈다. 나는 느릿느릿 복도를 걸었다. 끝이 보이지 않는 것 같았다. 승객들이 비웃거나 야유하는 상상을 하지 않으려 애썼지만 나쁜 생각들은 끝없이 흘러나왔다. 사람들 앞에 서니 가슴은 쿵쾅대고 속은 메슥거리고 다리도 풀려 혼비백산이었다.

제프가 나에게 마이크를 건네며 하고 싶은 말을 하라고 했다. 잘못될 일은 전혀 없을 거라고 100퍼센트 확신하는 듯한 태도였다. 하지만 나는 자신이 없었다. 내 생물학적 두려움이 작용하는 것 같았다. DNA의 속삭임도 들리는 것만 같았다. '그만둬! 넌 지금 튀는 짓을 하고 있는 거야. 아무도 네 말 따위 듣고 싶어 하지 않아. 네 자신을 웃음거리로 만들지 말라고. 사람들은 널 거부할 거야! 누군가는 너를 테러리스트로 여기고 공격할지도 몰라. 넌 위험에 처했어!' 어쨌거나 제프에게 마이크를 건네받고 버튼을 누른 뒤 이야기를 시작했다.

"안녕하세요, 여러분. 탑승을 환영합니다!" 최대한 승무원다운 말투로 인사했다. 승객 대부분은 핸드폰을 보거나, 잡지를 읽거나, 옆 사람과 이야기를 나누고 있었다. 아무도 나에게 주의를 기울이지 않았다.

"저는 승무원이 아닙니다." 이렇게 말하자마자, 모두 고개를 들어 나를 바라보았다. 수백 개의 시선이 느껴졌다. 이제 긴장감은 공포에 가까워졌다.

"저는 이 항공사의 팬입니다." 떨지 않으려 애쓰며 말을 이어갔다. "저도 여러분과 같은 고객으로서, 언제나 시간을 잘 지키고, 친절하고 멋진 서비스를 제공하는 사우스웨스트항공사에 감사를 표하고 싶어서 이 자리에 섰습니다! 여러분도 저와 같은 생각이라면, 사우스웨스트항공을 위해 박수를 쳐주십시오!"

놀랍게도 모든 이들이 박수를 쳤다. 내가 자리로 돌아갈 때, 다른 승무원이 나를 가리키며 말했다. "무료로 음료를 드릴게요!" 한 승객은 "와, 용감하세요!"라고 불쑥 말하기도 했다.

'용감하다니, 모르는 소리.' 떨리는 가슴을 부여잡고 땀에 젖은 채 자리에 앉으며 생각했다. 물론 수만 년 전 달랑 막대기 하나만 들고 사자와 맞서 싸우는 일이 훨씬 힘들겠지만, 적어도 이 순간엔 그만큼 두려웠다.

100일간 거절당하기 도전을 하며 그만두고 싶었을 때가 여러 번 있었다. 사우스웨스트항공에서의 도전도 그중 하나였다. 승무원에게 거절당할 준비를 했는데, 멋진 대안을 제안해준 덕에 130명에게 공개적으로 거절당할 수도 있는 훨씬 두려운 상황을 맞이했다. 아무리 시련을 겪으며 나아가는 거라고 해도 한계에 다다랐다고 느끼곤 했다.

거절에 대한 생물학적 원인을 알기 전에는 나는 괴물과 심리전을 벌이고 있다고 생각했다. 하지만 이제는 진화, 뇌의 화학 물질, DNA와 싸우고 있음을 자각했다. 이 전쟁은 심리적인 것이 아닌 생물학적인 것이다!

이런 깨달음을 얻고 나니, 궁금해졌다. 난 정말 이 비행기를 타고 싶었나? 내가 질 수밖에 없는 싸움 아닐까? "무지는 축복이다"라는 말의 의미가 궁금해졌다.

내가 더 이상의 거절을 감당할 수 있을지 걱정되면 초기 실험들을 떠올리며 힘을 냈다. 모든 도전에서 땀으로 목욕을 하거나 공포에 떨었던 것은 아니었다. 특히 도전 과정에서 숨은 유머를 찾아내면 괜찮았다. 햄버거 리필을 요구했을 때도 싱긋 웃어넘겼고, 식료품 창고를 보여달라는 요청을 거절당했을 때도 도망치는 대신 점원과 농담을 주고받았다. 그런 때에는 가슴을 쥐어뜯으며 도망치는 대신, 구체적이지는 않지만 거절에 대처할 어떤 깨달음을 얻었다. 그렇다면 유머는 거절의 고통을 완화하는 효과적인 방법인가? 이를 실험하기 위해 슬며시 웃으며 다음 도전에 나섰다.

애견미용실에서 머리 자르기

어느 날 애견미용실을 지나다 우리 개 점보도 이발할 때가 됐다는 생각이 났다(사실 골든레트리버는 항상 이발해야 할 것처럼 보인다. 사랑스러운 털을 뿜는 기계 아닌가). 주차장으로 들어가면서 갑자기 아이디어가 떠올랐다. 애견미용사에게 내 이발을 부탁하면 어떨까? 생각만으로도 웃음이 터졌다. 바로 내가 원하던 거절당하기 도전이었다.

미용 코너로 가니, 미용사 네 명이 개들을 씻기고 털을 다듬느라 바빴다. 그들 중 한 명이 일을 멈추고 인사를 건넸다. 가벼운 인사를 주고받은 후, 나는 이발 가격을 물어보았다.

"어떤 종인가요?" 그녀가 물었다.

"제 머리를 자르는 건 얼마인가요?" 내가 대답했다.

잠깐의 정적 후 그녀는 고개를 가로저으며 말했다. "저희는 사람 머리는 자르지 않아요." 그리고는 웃음을 터뜨렸다.

"그러면 저를 독일 셰퍼드라고 생각하면 되잖아요?" 내가 물었다. 그러다 내가 아시아 인이라는 사실을 떠올리고는 덧붙였다. "그러보니 제가 독일 인은 아니네요. 그러면 티베트산 마스티프라거나, 차우차우 뭐 그런 거라고 생각하면 어때요?"

미용사 네 명이 모두 키득대기 시작했다.

"저는 말도 잘 들어요. 앉으라고 하면 앉고, 물지 말라고 하면 물지도 않아요." 내가 덧붙였다. 순조롭게 잘 풀리고 있었다.

"분명 우리 가게에서 가장 말 잘 듣는 손님이겠군요." 미용사가 자지러질 듯 웃으며 농담을 건넸다.

그리고 회심의 화룡점정을 찍었다.

"그러면 발톱 손질은 어때요?"

미용사들은 더 이상 웃음을 참지 못할 지경에 이르렀다.

가게를 나서며 만족감을 느꼈다. 나는 거절당했다는 사실을 마음에 담지 않았다. 오히려 미용사들에게 즐거움을 줘 꽤나 기분이 좋았다.

어째서 고통스럽거나 두렵지 않았을까? 어째서 생존 본능이 발휘되지 않고, 오피오이드가 분출되지도 않은 걸까? 이번에는 왜 잠잠했을까?

뭔가 알아낸 기분이었다. 더욱 조사해본 끝에, 웃음이 고통을 경감시킨다는 사실을 알아냈다.

유머가 고통과 스트레스를 줄인다는 사실은 공식적으로 입증되지는 않았지만 증거가 많이 있다. 코미디와는 그리 관계가 없을 것 같은 정치인도 마찬가지다. 로널드 레이건은 영국 의회에서 연설하던 중 야유가 쏟아지자 유쾌하게 대응했다. "여기 메아리가 울리는군요?" 암살 시도를 받은 후 수술실에 들어가기 전에도 그는 담당 의사에게 유쾌하게 농담을 건넸다. "당신들 모두 공화당원이었으면 좋겠군." 반대 정당에서도 유머 감각을 발휘한 사람이 있었다. 한 기자가 존 F. 케네디에게 공화당 전국위원회에서 그의 정책이 실패했다는 결의안을 채택한 것에 대해 어떻게 생각하는지 묻자, 그는 "만장일치로 통과될 것 같습니다"라고 대답했다. 마하트마 간디조차 "나에게 유머 감각이 없었더라면 오래전에 스스로 목숨을 끊고 말았을 것이다"라고 말했다.

연구자들도 유머, 특히 웃음이 실제로 고통을 줄이는 효과가 있음을 인정했다. 2011년, 옥스퍼드대학교의 진화심리학자인 로빈 던바는 실험 참가자들의 팔에 차가운 천을 감거나 90도로 다리를 굽히고 기마 자세를 하게 하는 등 그들을 다양한 고통에 노출시켰다. 평균적인 고통의 한계치를 알아내기 위해, 던바는 참가자들이 더 이상 참을 수 없다고 할 때까지 걸리는 시간을 측정했다.

그리고는 참가자들에게 동일한 실험을 반복하면서, 이번에는 〈심슨네 가족들〉, 〈사우스 파크〉 같은 코미디부터 동물 훈련시키기나 골프 등 정보성 영상, 아름다운 자연 다큐멘터리 〈살아있는 지구〉까지 다양한 영상을 보여줬다. 이 실험에서 코미디, 특히 웃음을 터뜨리며 볼 때 참가자들의 고통을 견디는 한계치가 증가했다. 반면 감정적으로 큰 영향을 끼치지 않거나 아름다운 영상을 볼 때는 큰 변화가 없었다. 웃음이 고통과 스트레스를 경감시키는 것이다.

던바는 웃음의 힘을 진화론적으로 풀이한다. "던바 박사는 웃음은 진화에 유리한 요인이라고 주장한다. 웃음은 춤이나 노래처럼 무리를 결속하는 효과를 낳기 때문이다"라고 뉴욕타임스의 기자 제임스 고먼이 관련 기사를 쓰기도 했다. 웃기, 춤추기, 노래 부르기는 모두 엔도르핀을 만든다. 엔도르핀은 고통을 잊고 기분을 좋아지게 만든다. 그러니까 웃으면 우리 뇌에서 자연 생성된 진통제를 두 배로 얻을 수 있는 것이다.

도전에 유머를 섞었을 때 고통스럽지 않았던 것도 이해할 수 있다. 거절의 고통과 두려움이 즐거워서 분출된 엔도르핀 덕분에 줄어든 것이다. 애견미용실에서 거절을 당해도 기분 나쁘지 않았던 것처럼.

골리앗에게 던질 돌을 고르다 괜찮은 걸 찾은 기분이었다. ==웃음은 나에게 좋을 뿐 아니라, 거절당하는 고통에 맞서 평정심을 유지하고 빨리 상황을 벗어나게 할 효과적인 무기==, 내 진화의 생물학적 무기인 것이다.

유머에도 한계는 있다. 실생활에서 실없는 농담으로 마냥 때울 수는 없으니, 매 도전마다 유머에 의존해서는 안 된다. 과제가 어렵고 결과가 중요할수록 특히. 그리고 엔도르핀은 거절의 결과, 즉 고통에만 그 효용이 있다. 거절의 근본적 파괴력인 두려움이나 긴장감에는 도움이 되지 않는다. 여기서 다른 의문이 생겼다. 나를 상처 입힐 수 없는 것이 어째서 두려운가? 이 의문은 거절과의 싸움에서 핵심이다.

영화 〈오즈의 마법사〉는 도로시, 허수아비, 양철 나무꾼, 겁쟁이 사자가 에메랄드 시로 가는 고된 여정을 그리고 있다. 그들은 위대하고 강력한 마법사 오즈를 만나면, 그들의 소원인 집으로 돌아가는 것과 뇌와 마음, 용기를 갖는 것이 이루어질 거라고 믿는다. 그들은 마법사의 성에 도착해 도망치고 싶은 마음을 억누르며 길고 구불구불한 복도를 지났다. 그들 각자가 오즈의 방에 들어갔을 때 초록색 대머리 괴물, 불과 연기, 증기에 둘러싸여 왕좌 위에 떠 있는 마법사 등 각기 다른 위협적인 오즈의 모습을 보았다. 오즈는 섬뜩하면서도 위협적인 목소리로 소원을 이루고 싶으면 자신이 내리는 임무를 완수하라고 명령했다. 오즈가 재촉하며 고약하게 굴자 그들은 이유도 없이 두려워했다. 사자는 기절하기도 했다.

그들은 오즈가 요구한 임무를 마치고 에메랄드 시에 돌아왔다. 오즈는 여전히 무서운 모습이었다. 그런데 도로시의 강아지 토토가 방구석으로 달려가 넓은 커튼을 잡아당기자, 오즈의 실체가 드러났다. 그는 오디오와 영상 장비로 사람들이 두려워할 무섭고 섬뜩한 이미지를 만들 줄 아는 잿빛 머리의 평범한 남자였다.

현실에서도 이런 남자를 두려워할 이유는 없다. 무시무시한 소문, 신비로움은 마법사 스스로가 실상을 과장한 허상이었다. 오즈를 위대한 마법사로 만든 건 다른 이들의 반응이었다.

거절 탐구는 도로시가 에메랄드 시를 찾아가는 여정과 비슷하다. 사우스웨스트항공 도전에서 공개적으로 거절당할까 봐 엄청나게 두려웠다. 무섭고 위험한 마법사와 마주한 기분이었다. 하지만 거절당하기 도전에 유머를 더하니, 커튼 뒤의 악의 없고 재밌기까지 한 진짜 마법사를 본 기분이었다. 전혀 다른 시선으로 거절을 보게 된 것이다.

우리는 거절을 마치 마법사 오즈를 대하듯 한다. 연봉 협상, 데이트, 투자, 혹은 다른 간절한 것에 대해서라면 물론 거절이 두려울 것이다. "아니요"라는 말은 비명, 불, 연기와 함께 닥쳐와 우리를 실제로 해칠 것만 같다. 하지만 실제로 그렇게 나쁜 일은 벌어지지 않는다. 누군가 거절을 한다고 해서 목숨이 위태로울 일은 거의 없다.

나 역시 나만의 오즈, 그러니까 거절의 실체를 알아내려 커튼 뒤를 들추려 하지 않았다.

이제 나에게 질문해야 한다. 과연 이것이 평생 싸워야할 일인가? 정확히 거절이란 무엇인가?

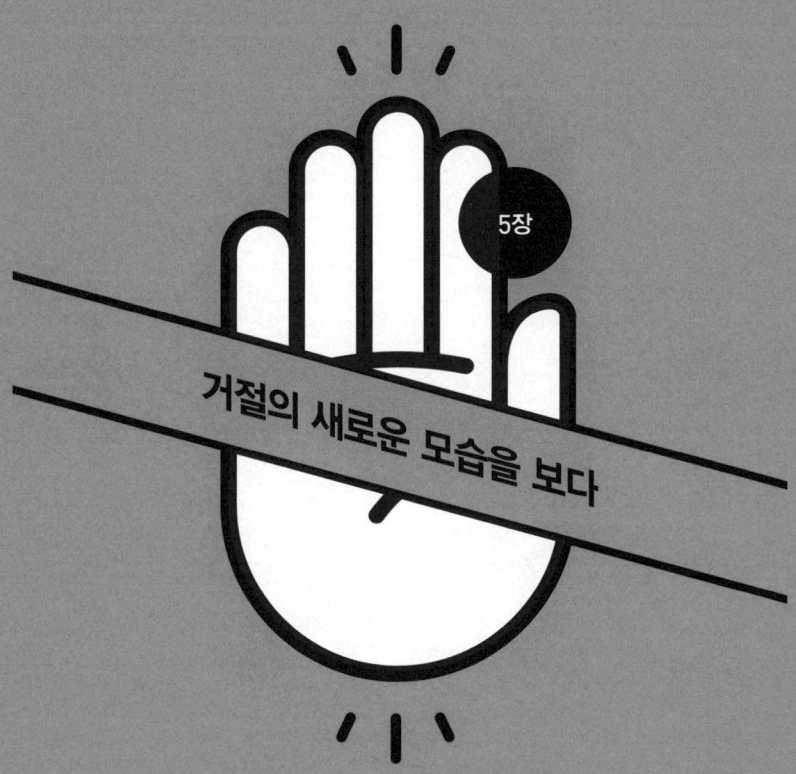

5장

거절의 새로운 모습을 보다

도전을 시작했을 때, 나는 거대한 적 골리앗을 간절히 물리치고 싶었다. 거절당할 거리를 찾으며 몇 주를 보내니 기분이 훨씬 나아졌다. 거절을 많이 당하니 도전도 쉬워졌다. 바비큐 레스토랑에 내가 만든 요리를 구워달라고 부탁했고, 모르는 사람에게 눈싸움을 걸기도 했다. 어느 경우에도 진땀 흘리지 않았다.

도전을 계속하니 남은 인생 동안 내가 배운 것을 적용하며 살 수 있게 거절을 더 많이 공부하고 이해하고 싶어졌다. 그래서 도전에 '두려움'을 더해, 보다 실생활과 가까운 도전에 나서기로 했다. 그중 하나가 일자리를 구하는 것이었다.

일일 직장 구하기

블로그 덕분에 사람들이 쉽게 연락을 할 수 있어서인지, 하루에 열 통이 넘는 팬레터를 받곤 했다. 2013년 초반, 경기

침체가 계속되어 일자리 경쟁이 치열했다. 일자리를 구하며 느끼는 거절의 두려움과 좌절감을 토로하는 메일이 빗발친 것도 놀랍지 않았다. 이런 메일을 접하고, 나는 일자리 구하기에 도전하기로 했다. 일자리를 쉽게 얻는 법을 알 수 있을까? 게다가 마지막 구직 활동은 몇 년 전의 일이었다. 구직 활동에서 거절당한 내 경험이 다른 이들에게 도움이 됐으면 했다.

'정보 수집-입사 지원-인터뷰'라는 통상의 구직 절차를 따르지 않았다. 대신 아무 빌딩에나 들어가 직접 이력서를 내밀며 하루만 일할 직장을 구했다. 꽤나 이상하게 들릴 것이다. 대체 누가 하루짜리 일자리를 구하겠는가? 사람들이 어떤 반응을 보일지에 대한 호기심이 너무 커 긴장감을 압도해버렸다.

거절이 두렵지 않고 잃을 것이 없다고 생각하면 굉장한 일이 일어날 수 있다.

처음 두 번의 시도는 엄한 얼굴의 매니저에게 즉시 거절당했다. 불쑥 찾아오지 말고 정식 지원 절차를 밟으라는 강의를 듣기도 했다. 하지만 개의치 않고 마지막 세 번째 빌딩으로 갔다.

매니저는 구직자뿐 아니라 누구라도 편안하게 하는 미소를 지으며 나를 맞이했다. 그녀의 이름은 제니퍼 캐리어였다. 그녀는 내 부탁을 듣고도 나를 쫓아내지 않았다. 그녀는 우선 내가 그런 일자리를 찾는 이유가 궁금하다고 했다. 나는 사업을 하느라 한동안 구직 활동을 하지 않았기 때문에 사무실에 들러 일자리를 구할 수 있는지 알고 싶었다고 설명했다.

그리고는 내가 뛰어난 직원이며, 전 직장에서의 업무였던 온라인 마케팅이든 아니면 다른 노동이든 뭐든지 맡겨주기만 하면 최선을 다할 것이라며 그녀를 확신시키기 위해 최선을 다했다. 그리고는 하루 동안 나를 그녀의 개인 비서로 고용해달라고 했다. 그녀는 잠깐 고민하더니, 자신의 상사와 상의해야한다고 덧붙이며 잠정적으로 승낙했다.

며칠 후, 제니퍼에게서 전화가 왔다. 그녀의 회사에서 하루 동안 매니저 비서로 일해달라는 '제안'이었다. 오스틴에 기반을 둔 빅커머스라는 회사로, 소규모 비즈니스에게 웹 사이트를 만들어주는 것이 주 업무였다. 내 일은 방문객 응대, 직원들의 배송 문제 해결, 점심 주문 등 제니퍼의 일상 업무를 지원하는 것이었다.

제안을 받아들이고 며칠 후 출근했다. 오전에는 제니퍼와 일을 하고, 오후 회의 시간에는 또 다른 거절당하기 도전을 했는데, 회사 홈페이지에 내 얼굴을 올려달라는 것이었다. 놀랍게도, 다음 날 홈페이지에 내 사진이 올라왔다.

거절은 상호 작용이다

나는 일자리를 구했다. 채용 담당자나 헤드헌터의 도움을 받거나, 온라인 입사 지원서를 작성하고 면접을 거쳐 추천서를 제출하지도 않고서 말이다. 그것도 겨우 세 번 만에. 물론, 나는 빅커머스에 장기적인 투자를 요구한 게 아니다. 높은 연봉과 괜찮은 복지 혜택이 보장된 정규직 일자리를 구하는 일은 하루짜리 일자리를 구하는 것보다 당연히, 훨씬 더 어렵다. 그렇지만 이 도전에서 장래의 고용주와 교감하는 법을 배웠다.

내가 했던 전략이나 끈질긴 고집, 설득 방법을 그대로 믿고 따라하는 것은 위험하다. 결과에 큰 영향을 미치지는 않더라도 이것들만큼의 영향력이 있는 다른 외부 요소들이 있기 때문이다. 빅커머스의 사무실 관리자는 내 제안을 받아들였지만, 대부분의 사무실 관리자들은 그렇지 않을 것이다. 알고 보니, 제니퍼는 이방인에게 호의적이며 유머 감각이 있고 모험을 사랑하는 사람이었다. 나중에 그녀와 인터뷰하며 어째서 내 제안을 수락했느냐고 물으니, 이력도 괜찮고 말솜씨도 뛰어난 사람이 하루 동안 일할 직장을 구한다는 것이 그녀의 호기심을 자극했다고 했다. 하지만 이야기를 나눌수록, 다양한 요인들이 작용했다는 점을 깨닫게 됐다.

매사추세츠 출신인 그녀는 영업 사원이었던 아버지에게 사람들이 어떤 요구를 하면 무조건 묵살하지 말고 그 목적에 관심을 기울이라고 배웠다. 또 남부 출신인 어머니 덕에 환대의 가치를 알았다. 내성적이고 조용한 성격이었던 제니퍼는 고등학생 때 아버지의 권유로 몇 년간 모델스쿨에 다니며, 미소와 긍정적인 태도가 타고난 외모만큼이나 중요하다는 사실을 배웠다. 대학생 때 학비를 벌기 위해 웨이트리스로 일했는데, 그때 고객의 요청에 해결책을 찾아보지도 않고 단번에 거절해선 안 된다는 교훈을 얻었다.

이 모든 경험이 오늘날의 제니퍼를 만들었다. 내가 그녀의 사무실 문을 두드리고 일자리를 구하던 날, 이런 요인들이 모두 작용한 것이다.

제니퍼는 예외적인 경우다. 그녀 같은 사람을 세 번째 시도 만에 만난 건 행운이었다. 제니퍼를 만나지 못했더라면 이번 도전은 결국 실패하고, 교훈도 얻지 못했을 것이다. 반면에 내가 훨씬 운이 좋았다면 첫 번째 시도에서 곧바로 제니퍼를 만났을 수도 있다. 그랬더라면 다른 시도를 하지 않았을 테고, 사무실 관리자들이 일자리를 구하러 온 이방인을 의외로 환영한다는 잘못된 결론을 내리고 말았을 것이다. 가능한 두 가지 결과를 모두 경험할 수 있어서 다행이었다.

똑같은 요구를 해도 그 반응은 사람마다 다 다르다. 나에게만 해당되는 문제가 아니다. 나는 각자 다른 장소의 세 사람에게 "하루 동안 여기서 일할 수 있겠습니까?"라는 질문을 했다. 대답은 각자의 태도, 호기심, 위험 감수도에 따라 차이가 있었다.

몇 번 거절을 당하면 대부분의 사람들은 자신감을 잃는다. 자신이 도전할 때마다, 온 세상이 자신에 대해 똑같이 평가하다고 생각한다. 하지만 제니퍼 덕분에 실은 그렇지 않다는 것을 깨달았다. 온 세상 사람들은 저마다 다양하다 못해 극단적으로 다른 성향과 동기, 환경을 가졌다. 특정한 요구에 대한 반응은 어떤 요구인지보다 어떤 사람이 요구를 받아들이는지가 더 중요하다.

==거절이란 그 각각의 결정을 내린 당사자 두 사람만의 상호 작용이다.== 이런 사실을 잊고 승낙이나 거절의 당사자를 얼굴 없는 기계처럼 여긴다면, 거절은 공격처럼 승낙은 확인처럼 느껴질 것이다. 하지만 실제로는 그렇지 않다.

거절은 의견에 불과하다

일자리 구하기 도전을 계기로 사고방식을 뒤집었다. 이제 거절은 진리보다는 의견에 가깝다는 생각을 했다. 어떤 사람들은 내 요구를 간단히 처리하고, 의견을 준다. 그 의견에는 순간의 기분, 필요, 환경이나 지식, 경험, 교육 수준, 문화, 성장 과정 등 수많은 배경이 있다. 이것들은 내 설득 능력이나 성향, 요청보다 더 영향력이 세다.

미국 사람들은 종종 "모든 이들은 각자의 의견을 피력할 권리가 있다"는 관용구를 즐겨 인용한다. 모두가 저마다의 의견이 있다. 때로는 다른 이들과 간절히 공유하고 싶을 만큼 확고한 것일 때도 있다. 정치 성향, 선호하는 음식, 음악 취향 등 다양한 분야에 대해 각자의 의견이 있다. 만일 모든 의견을 똑같이 수용한다면, 마음이 끊임없이 바뀌어 결국 모든 걸 놓치게 된다.

역사적으로도 증명할 수 있다. 인류의 진보를 이끈 위대한 사상들은 대체로 처음에는 강경하고 격렬하게, 섬뜩할 정도로 사회로부터 거부당했다. 소크라테스, 갈릴레이, 잔 다르크, 마하트마 간디, 넬슨 만델라, 마틴 루서 킹 목사를 보라. 하물며 기독교는 예수가 자신의 민족에게 거부되면서 형성된 종교다.

인간의 견해는 시간과 공간에 따라 변하며, 개인이 통제할 수 없는 사회, 정치, 환경적 요인에 크게 영향받는다. 인간은 자신들의 행동 방식을 장려(혹은 강요)하는 사회의 압력에 민감하다.

예일대학교의 사회심리학자 스탠리 밀그램이 한 굉장히 유명하고 악명 높은 실험이 있다. 일명 밀그램 충격 실험이라는, 사람들이 권위적인 인물에게 얼마나 영향을 받는지 알아보는 실험이다. 이 실험에서 권위를 상징하는 실험실 가운을 입은 배우가 실험 참가자들에게 다른 참가자로 위장한 옆방의 다른 배우에게 가짜 전기 충격을 주라고 명령한다. 참가자들은 전기 충격이 가짜라는 사실을 모르고 명령에 따라 전기 충격을 주는데, 목숨이 위태로울 만큼의 강도까지 올리기도 했다. 인간이 권위에 복종하고 현실을 수용한다는 사실을 보여준 이 실험은 굉장히 중요한 의미가 있다.

외부 요소는 사람들이 상황을 파악할 때 큰 영향을 미치지만, 시간이 지나면 변할 수도 있다. 내 요구는 타인 등 나와 관계없는 요인에 영향받을 수도 있다. 사람들의 의견이나 행동은 다양한 요인에 따라 판이하게 바뀌는데, 어째서 나는 거절을 그토록 심각하게 받아들인 걸까? 이 간단하지만 중요한 깨달음 덕분에 거절 때문에 생긴 감정을 살피게 되고, 의

사 결정 과정을 새로운 시각으로 바라보게 됐다.

과연 모든 사람에게 좋거나 나쁜 아이디어가 존재하는지 궁금했다. 나는 물론이고, 다른 누구라도 절대 승낙하지 않을 요청을 하면 어떨까? 일반적인 의견과 전혀 다른 의견을 가진 사람이 있을까?

막상 절대 승낙하지 않을 요청을 생각하려니 쉽게 떠오르지 않았다. 그래서 나는 기발한 사회적 실험으로 유명한 듀크대학교의 행동경제학 교수 댄 애리얼리에게 연락했다. 그의 베스트셀러 《상식 밖의 경제학》과 《거짓말하는 착한 사람들》에는 다양한 실험이 실려있다. 대학원생 때 그의 수업을 들었는데, 그는 내가 지금껏 만난 사람 중 가장 재밌고 배려심 많은 사람이다. 행동경제학이 사람의 의사 결정에 영향을 미치는 심리적·사회적·감정적 요인을 연구하는 학문인 만큼, 댄 교수님은 인간 행동 실험에 대해 가장 최적의 조언을 해줄 사람이었다.

그에게 전화를 걸어 지금까지의 파란만장한 도전기를 들려주고는, 그 누구도 승낙하지 않을 제안이 없을까 물었다.

내 이야기를 즐겁게 듣던 교수님은 이내 시도해볼만한 아이디어를 쏟아냈다. 그중 듣자마자 눈이 번쩍 뜨이는 아이디어가 있었다. 그래, 한번 해보자.

낯선 이에게 사과 나눠주기

백설 공주 이야기, 사과에 면도칼이 들어있었다는 핼러윈의 도시 괴담, 엄마들이 자주 하는 충고 등 창세기부터 이어진 많은 이야기에서 하나같이 낯선 이에게 사과를 받는 건 굉장히 위험하다고 말한다.

그래서 나는 사람들에게 사과를 나눠주기로 했다. 이번 포스팅의 제목을 "사악한 여왕과 여섯 백설 공주들"이라고 지었다. 내가 사과를 주는 사악한 여왕이라면, 어떤 백설 공주도 사과를 베어 물지 않을 것이다.

대형 마트 주차장 출구와 가까운 인도에 자리 잡고 쇼핑 온 사람들에게 사과를 권했다. 당연히 대부분이 그 자리에서 거절했다. 안전한 음식에 대한 염려를 늘어놓으며 자신이 어째서 이런 호의를 두려워하는지 이야기해준 여성도 있었다. 그녀는 레스토랑에서 누군가 자신의 음식에 손댄 일 때문에 트라우마가 생긴 것 같았다.

그러다 멋지게 차려입은 한 여성에게 허를 찔렸다. 그녀에게 사과를 권하자, "네, 고마워요!"라고 말하며 하나 받아 들고는 별일 없다는 듯 걸어갔다. 그리고는 한입 크게 베어 물었다.

내가 독 묻은 사과를 먹기라도 한 것처럼 길바닥에 쓰러질뻔했다. 어째서 낯선 사람이 주는 음식을 저렇게 스스럼없이 받아먹을 수 있지?

아쉽게도 그녀를 쫓아가 사과를 흔쾌히 받은 이유를 묻지는 못했다. 하지만 그 이유가 뭐든, 그녀는 나를 보고 자신의 판단대로 행동했다. 그녀는 나를 사과가 든 가방을 들고 황당한 제안을 하는 사람이라고 판단하고, 사과를 받아도 괜찮겠다고 생각했을 수 있다. 아니면 나도 모르는 다른 이유 때문일 수도 있다. 식사를 걸렀다든지, 과일을 많이 먹으려 노력 중이라든지, 어쩌면 내가 음식에 나쁜 짓을 할만한 사람으로 보이지 않았을 수도 있다.

'낯선 사람이 건네는 포장되지 않은 음식 먹기' 같은 위험한 도전도 모든 이들에게 거절당하지 않았는데, 과연 모든 사람들이 거절하는 아이디어라는 게 있기는 할까? 당신의 제안이 거절당한 유일한 이유는 제안과 맞는 사람을 아직 못 만난 것뿐일지도 모른다.

거절에는 횟수가 있다

내가 가장 좋아하는 영화 대사는 〈월 스트리트: 머니 네버 슬립스〉에서 주인공 제이컵 무어가 부정하고 탐욕스런 기업 사냥꾼 브레턴 제임스와 나누는 대화다.

제이컵: 얼마면 되겠어요?
브레턴: 뭐라고?
제이컵: 이 정도면 이곳을 벗어나 영원히 행복하게 잘살 수 있을 것

같다, 싶은 금액요. 모두들 원하는 금액이 정확하게 있더군요. 그러니까 당신은 얼마를 원해요?

브레턴 : (무자비한 웃음을 지으며) 더 많이.

여러 번 요청을 하면 한 번 정도는 승낙받을 수 있다. 모든 거절당하기 도전에서 승낙을 받진 않았다. 하지만 '사과 나눠주기'나 '일일 직장 구하기'처럼 끈질기게 노력하면 몇 배로 보상받기도 했다. 거절에도 '횟수'가 있는 건가? 여러 사람들에게 묻다 보면, 결국은 승낙하는 사람을 찾게 되지 않을까?

끈질기게 거절에 도전하는 사람들이라면 역시 창의적인 분야에 종사하는 사람들이다. 소설가인 EJ는 나에게 이런 메일을 보냈다.

"저는 작가입니다. 당신의 도전에 함께하고 싶어서 메일을 보내요. 작가들은 거절당하는 일이 일상이랍니다. 셀 수 없이 많은 거절을 당하고, 거만한 대형 출판사에서는 연락 한 번 못 받는 사람들이 대부분이지요. 규모가 큰 문학 커뮤니티에 메시지를 보내거나, 출판사의 임원을 직접 찾아가 원고를 건네며 '내 책을 출판해주시겠습니까?'라고 물어보라고 하는 건 어떨까요?"

비록 이 실험은 성사되지 못했지만 그의 편지는 작가의 삶을 생각하는 계기가 됐다. 유명 작가들이 첫 책을 출간하기까지 몇 번이나 거절을 당했을지 궁금해졌다.

알아보니, 상상 이상으로 많은 거절을 받은 사람도 꽤 있었다.

- 윌리엄 골딩의 《파리대왕》: 20번
- 안네 프랑크의 《안네의 일기》: 15번
- 스티븐 킹의 《캐리》: 30번
- 로버트 M. 피어시그의 《선과 모터사이클 관리술》: 121번(기네스북에 오를만한 기록이다)
- 제임스 조이스의 《더블린 사람들》: 22번
- 캐스린 스토킷의 《헬프》: 60번
- J. K. 롤링의 《해리포터와 마법사의 돌》: 12번
- J. K. 롤링이 로버트 갤브레이스라는 필명으로 발표한 《쿠쿠스 콜링》: 최소 한 번이지만, 풍문에 따르면 훨씬 많다고 함

충격적인 것은 횟수만이 아니었다. 거절한 출판사의 피드백도 굉장히 가혹했다.

- 《안네의 일기》: 이 소녀에게서 단순한 '호기심'을 넘어 책을 집어 들게 할만한 특별한 통찰력이나 감성이 느껴지지 않습니다.
- 《파리대왕》: 부조리하며 전혀 흥미롭지 않은 형편없는 판타지로, 따분하고 재미도 없습니다.

- 《캐리》: 우리는 디스토피아를 다루는 SF소설에는 관심 없습니다. 팔리지 않거든요.
- 《해리포터와 마법사의 돌》: 아이들이 읽기에는 너무 깁니다.

J. K. 롤링의 사연은 굉장히 흥미진진하다. 1995년, 그녀는 해리포터 시리즈의 1부 원고를 영국의 열두 개 출판사에 보냈지만 모두 거절당했다. 그 후 블룸즈버리출판사의 사장이 해리포터 원고를 손녀에게 보여줬고, 이야기에 빠져든 아이는 단숨에 읽어나갔다. 이를 본 블룸즈버리는 1년 후 해리포터를 출판하기로 결정한다. 한 소녀가 좋아하지 않았더라면 해리포터 역시 서류 분쇄기로 들어가 '그 사람'과 영웅적인 전투를 벌이지 못했을 것이다.

10년도 더 지나 해리포터는 100만 부 이상 팔렸고, 역대 베스트셀러 10위권에 들어간다. J. K. 롤링은 다른 필명으로 새 소설 《쿠쿠스 콜링》의 원고를 출판사에 보낸다. 자신의 명성보다는 작품 자체로 인정받고 싶었기 때문이다. 후에 베스트셀러가 된 이 원고를 읽은 편집자는 "너무 잔잔하며", "평이하다"는 이유로 거절했다.

이제 이 거절 사례는 농담거리나 성공담 속에서 작가들이 이를 극복하고 어떻게 나아갔는지 보여주며 용기를 북돋우는 이야기로 회자된다. 거절을 받은 작가가 모두 낙담하거나 좌절했을까? 작가가 거절이나 부정적인 피드백에 낙담해 포기하는 바람에 훗날 걸작의 반열에 오를 많은 작품들이 빛을 보지 못하고 묻히진 않았을까?

그들 상당수는 당대에 위대한 재능을 인정받았겠지만, 작품을 출판하겠다는 사람을 만날 때까지 수십 번의 거절을 당했다. 대가의 반열에 오르려면 뛰어난 능력은 물론이고, 자신의 능력과 작품에 대한 확고한 믿음과 거절의 충격을 견디는 능력도 필요하다.

작품성과 상관없이, 수학적으로 이 세상 모든 사람에게 인정받거나 거절당할 수는 없다. 따라서 승낙을 간절히 원한다면, 충분히 많은 사람들과 접촉하면 된다. 그러면 결국 승낙을 받아낼 수 있을 것이다.

물론 승낙의 결과가 모두 같지만은 않다. 모든 책이 J. K. 롤링의 책처럼 전 세계적인 베스트셀러가 되지는 못한다. 여기에도 성공과 실패가 있다. 하지만, 자신의 작품에 대한 확고한 신념을 품고 거절당한 고통을 감내하며 끊임없이 출판사의 문을 두드린 작가들을 보면서 자신의 일에 대한 신념이 굉장히 중요하다는 사실을 깨달았다. ==거절은 인간이며, 의견이며, 횟수가 있다.== 다른 사람의 의견이 자신을 평가하는 기준이 된다면 거절당할 때마다 심각한 마음의 상처를 입고, 삶이 피폐해진다. 타인의 기분이나 평가가 아닌 자존감을 가지고 인생을 살아야 한다.

지금까지 나에게 거절은 보기만 해도 두려운 골리앗 같았다. 이 때문에 10년이 넘도록 꿈을 향해 나아가지 못했고, 다른 이에게 인사 한마디 못할 때도 있었다. 하지만 골리앗의 정체를 파악해 새롭게 바라보니, 그를 구석에 몰아넣은 기분이다. 고통이나 두려움의 안개를 걷어내니, 거절은 골리앗이 아니었다. 오히려 마법사 오즈 같았다. 두려운 존재도, 적도 아니었다.

1 **거절은 상호 작용이다** : 거절은 양측의 상호 작용이다. 거절당하는 쪽보다 거절하는 쪽이 좀 더 말하기는 하지만, 거절의 이유를 보편적인 진리나 유일한 판단 기준으로 삼아서는 안 된다.

2 **거절은 의견에 불과하다** : 거절은 거절하는 사람의 의견일 뿐이다. 이는 역사적 맥락이나 문화적 차이, 심리적 요인에 크게 영향받는다. 따라서 전 세계 모든 사람에게 거절당하거나 수용되는 제안은 없다.

3 **거절에는 횟수가 있다** : 거절당하는 데도 횟수가 있다. 충분히 거절을 겪었다면, 한 번쯤은 거절이 승낙으로 바뀌기도 한다.

100일 도전이 절반쯤 지나자, 거절의 두려움은 호기심으로 바뀌었다. 시각이 변하고 다양한 실험을 시도할 용기가 생겼다. 이제는 다른 측면에서 거절을 살펴보기로 했다. 무엇보다 거절당한 후 무슨 일이 일어나는지 알고 싶었다.

과거에는 거절당한 고통을 최소화하는 최적의 방법은 최대한 빨리 털어내는 것이라고 생각했다. 상처 위의 반창고를 천천히 뜯으면 고통만 길어지니 단번에 뜯어야 하는 것처럼 말이다. 나는 거절당할 때면 대부분 서둘러 대화를 끝내고 자리를 피했다.

이제 거절당하면, 도망치는 대신 그 자리에서 다음 상황이 어떻게 전개되는지 지켜보고 싶었다. 그렇게 한다고 얼마나 배울지는 미지수지만.

다른 사람의 마당에 꽃 심기

미식축구 팬 스콧과 함께 그의 뒷마당에서 축구하는 동영상을 올린 후, 많은 사람들이 설탕 한 컵을 달라는 것부터 하룻밤 재워달라는 것까지 다른 사람의 집 현관을 두드릴 다양한 아이디어를 제안했다. 이 중 내 시선을 사로잡은 것은 '남의 집 마당에 꽃 심기'였다. 거절당하기에 충분히 이상했고, 만일 승낙을 받으면 누군가의 정원을 아름답게 할 수 있는 아이디어였다.

복숭앗빛 더블 딜라이트 종 장미 묘목을 사서 오스틴 외곽을 돌며 접근할만한 집을 찾았다. 지난번에는 극도로 긴장했지만, 이제 나는 자타 공인 거절당하기 전문가다! 접근할 집을 골라 문을 두드렸다. 스콧의 집 문을 두드릴 때처럼 생사를 오가는 긴장감은 없었다.

백발의 남자가 나왔다. 그는 내가 들고 있는 장미 묘목을 쓱 훑어보았다. 나를 영업 사원이라고 생각했는지 별로 이야기하고 싶지 않은 눈치였다. 그래서 나는 그의 마당에 무료로 장미 묘목을 심고 싶다고 말했다. 그는 눈썹을 위로 올리며 가벼운 미소를 지었다.

"좋아요, 내 생각보다 재밌는 제안이군요." 그는 멋쩍은 듯 말했다. "고맙긴 하지만, 사양합니다."

바로 이 순간이다. 거절당한 후 무슨 일이 일어나는지 알아볼 기회였다. 그가 문을 닫으려는 찰나, 질문을 던졌다. "괜찮습니다. 그런데 이유를 여쭤봐도 될까요?"

"음, 정원에 꽃을 심고 싶지 않거든요. 개가 땅을 파서 뽑을 것 같아서 말이오. 당신의 제안은 고맙지만, 상대를 잘못 골랐습니다."

그는 장미 묘목을 쳐다보았다. "이 꽃은 다른 사람에게 주면 좋겠군요. 길 건너편 로런이라면 좋아할 것 같소. 그녀는 꽃을 좋아하니까요."

예상치 못한 반전이 일어났다. 나는 감사하다고 인사하고 길을 건넜다. 방금 얻은 새로운 정보 덕분에 자신감과 의욕이 샘솟았다. 나는 로런의 집 앞에서 막 집을 나서던 로런과 그녀의 남편을 만났다. 내 제안을 듣고 남편과 상의하더니, 자신의 집에 장미를 심도록 허락했다.

"난 분홍 장미를 정말 좋아한답니다." 마당에 새로운 장미를 더할 생각에 한껏 흥분된 목소리로 그녀가 말했다.

내가 심은 장미 묘목은 곧은 줄기에 가지가 양 갈래로 뻗어서 마치 알파벳 Y처럼 보였다. 마치 거절당한 후 '왜why'라고 묻는 용기를 상징하는 것처럼 보였다. 로런의 앞집 남자와 대화를 하며 소중한 깨달음을 얻었다.

1. 나를 못 믿거나 이상하게 생각해서 거절한 것이 아니다. 그는 내 제안을 고맙게 생각했지만, 단지 상황에 맞지 않았을 뿐이다.
2. 그는 내 선물을 좋아할만한 사람을 추천해줬다.

처음 거절당하기 도전에서 나는 건물 경비원에게 100달러를 빌려달라고 했다. 그는 "안 된다"라고 말한 뒤 나에게 왜냐고 물었지만, 두렵고 당황한 나는 설명도 않고 쏜살같이 내뺐다. 그날 이후 그의 질문은 아직도 내 머릿속을 맴돌았다.

자신의 집 뒷마당에서 축구하도록 승낙한 스콧에게 그 이유를 물었다. 그는 너무도 "어이없는 제안"이라 거절할 수 없었다고 했다. 승낙한 이유를 알고 나니 그와 그의 결정에 대해 곰곰 생각할 수 있었다. "왜"라는 질문 덕분이었다.

질문은 다른 결과를 낳았다. 앞집 남자는 거절의 이유를 설명한 뒤 다른 사람을 소개해줬다. 그는 내 요청을 거절했지만 거절을 승낙으로 바꿀 수 있도록 이끌어줬다.

이유를 물으면 거절의 동기를 오해하지 않을 수 있다. 과거에는 거절당하면 바로 내 잘못이라고 생각했다. 하지만 나를 거절한 사람과 처음으로 이야기를 해보니, 그저 자신의 상황에 맞지 않아 거절했다는 것을 알게 됐다. 개인적인 감정은 없었다. 그는 내가 아닌 누구에게서도 장미 묘목을 받고 싶지 않았던 것이다. 그가 나를 자신의 집 현관에서 쫓아내기 위해 거짓 이유를 댄 것 같지도 않다. 그렇다면 꽃을 사랑하는 이웃을 추천하지도 않았을 테니까.

사려 깊고 합리적이든 즉흥적이든, 모든 결정에는 이유가 있다. 따라서 거절의 이유를 알아내면 이유를 모른 채 느끼는 고통을 떨쳐내는 데 도움이 된다. 내가 받았던 수많은 거절들은 사실 내 요청의 가치나 나 때문이 아니라 다른 이유, 때로는 단순한 이유였을 수 있다. 이런 생각에 이르니, 훨씬 편안하게 거절을 감당할 수 있을 것 같았다. 또 거절을 내 아이디어를 개선할 기회로 이용할 수도 있을 것이었다.

"왜"라고 질문하는 것에는 긍정적인 면만 있다. 어쨌거나 당신은 이미 거절당했다. 상대방의 대답에서 어떤 깨달음을 얻을지도 모른다. 혹은 "왜"가 거절을 승낙으로 바꾸는 마법의 도구가 될 수 있다.

오후에 맥도널드에서 아침 메뉴 주문하기

한 팔로워가 오후에 맥도널드에서 아침 메뉴인 맥그리들 샌드위치를 주문하는 도전은 어떠냐고 했다. 맥도널드는 정오가 지나면 아침 메뉴를 팔지 않기 때문에 이번에는 100퍼센트 거절당한다는 것이었다.

오후 2시, 맥그리들을 주문했다. 역시나 예상대로 거절이었다. 이유를 물으니 점원은 계란과 소시지를 만드는 기계를 이미 정리했기 때문이라고 알려줬다. 그래서 나는 전술을 바꿔 다시 물었다.

"그러면 맥그리들 '같은' 것이 없을까요?" 그 질문이 점원의 관심을 끌었는지, 그녀는 꿀을 바른 그리들케이크 위에 치즈를 올린 플레인 맥그리들은 가능하다고 했다. 한번 해보자! 그 샌드위치를 받아 테이블로 가, 핸드폰을 켜고 사람들이 불가능하다고 했던 도전에 승리를 거두었다고 촬영했다. 계란과 소시지가 없는 샌드위치는 그리 맛있지 않았다. 그래도 못 먹을 정도는 아니었고, 나는 승리를 만끽하며 전부 먹어치웠다.

다소 실없는 생각에서 시작한 맥도널드 도전에서 '협상'이라는 전략을 썼다. 처음의 목표만 고집하는 대신, 그보다 조금 덜한 "맥그리들과 비슷한 것"으로 요구 사항을 재조정한 것이다. 점원은 내가 양보했다는 것을 알아채고 대안을 제시하며 절반이지만 승낙을 했다.

전쟁터에서 후퇴와 도망에는 중요한 차이점이 있다. 후퇴는 일시적이다. 병력을 재결집하고 힘을 모아 더 유리한 형세를 만들기 위한 전략이다. 반면 도망은 전투력과 사기가 무너진 상태에서 이루어진다. 무기도 내팽개치고 제 살길을 찾아 흩어지는 것이다. 이때 도망가는 군사들은 무방비로 적을 등지기 때문에 손쉽게 타깃이 돼 큰 타격을 입는다.

거절을 두려워하고 염려하는 사람들에게는 뭔가를 요청하는 일이 마치 작은 전투처럼 느껴진다. 요청하기도 전에 긴장부터 해버려, 거절당하면 그 자리를 떠야 할지 아니면 계속 대화를 이어야 할지도 잘 모른다. 나는 (1) 다른 사람이 뭐라든 내가 원하는 것만 계속 주장한다면 상대가 짜증을 내며 냉정하게 대화를 끝내거나, (2) 돌아서서 자리를 피하면 나만의 도주 경로를 개척하는 것이라고 생각했다. 이런 경우 모두 내가 원하는 것을 얻지 못하고 다른 사람이 말하지도 않은 내 추측과 상상으로 만든 부정적인 상황에 상처받는다. 이 전쟁터에서 입은 가장 큰 피해는 거절이 아니라 자신감을 잃는 것이다.

맥그리들 주문을 하며 후퇴나 도망 말고 '재협상'이라는 세 번째 방법이 있다는 사실을 깨달았다. 내가 원하는 것을 조절해 다르게 접근할 때, 흥미진진하고 예상치 못한 일이 벌어질 수 있다. 심지어 빈번하게. 이후 도전에서 최고급 호텔에 가 공짜로 투숙할 수 있는지 물었는데 단칼에 거절당했다. 하지만 수위를 한 단계 낮추자, 호텔 방을 둘러보고 안락하기로 유명한 그 호텔의 침대에서 낮잠을 잘 수 있었다. 또 한번은 소방서에 가서 비상출동봉을 타고 내려와도 되는지 물었다. 하지만 찾아간 곳이 단층 건물이라 비상출동봉이 없었다. 그래서 한 걸음 물러났더니, 근무 중인 소방관과 함께 소방서 견학을 하고 소방차에도 올라탈 수 있었다.

심리학과 커뮤니케이션 분야의 고전인 《설득의 심리학》에서, 로버트 치알디니는 처음 거절당한 뒤 물러나 타협하는 행위의 효과에 대해 설명했다. 대부분의 사람들은 얼간이처럼 보이기 싫어하기 때문에 다음에는 덜 거절당할 것 같은 요청을 한다는 것이다. 따라서 어떤 제안을 일방적으로 수용하거나 거절하는 것보다 서로 주고받을 때 서로 윈윈하는 성공적인 협상이 될 가능성이 높다.

거절한 이유를 물으면 요청을 하는 쪽과 받는 쪽이 서로 이해할 여지가 생긴다. 그러니 한 걸음 물러나 물어보자. "이것이 안 된다면, 다른 건 가능할까요?" 이렇게 묻고 또 물으면, 생각보다 거절에 여지가 많다는 것을 알 수 있다. 실제로 모든 거절은 흥미롭게도 눈에 보이지 않는 승낙의 가능성에 둘러싸여 있는데, 다시 묻다 보면 보이지 않던 승낙의 가능성이 모습을 드러낸다.

만일 일자리를 구하는 과정에서 거절당했을 때에도, 그 자리를 뜨지 않고 당신이 할 수 있는 다른 직책을 추천해달라고 요청할 수도 있다. 영업 상담을 거절한다면, 다른 부서나 다른 고객을 소개해달라고 하라. 마음을 열고 물러날 곳을 찾으면 거절당했다고 도망치지 않아도 된다.

내 취향에 딱 맞는 아이스크림 만들기

나는 중국의 꿈 많은 한 꼬마였다. 많은 꿈 중 하나는 중국에서 미국으로 이어지는 땅굴을 파는 것이었다. 실제로 여섯 살 때 우리 동네 한구석을 파기도 했는데, 이틀 만에 1미터 깊이가 되자 누군가 어머니에게 이르는 바람에 끝나 버렸다. 그 바람에 내 미국행은 10년 후로 미뤄졌다.

어린 시절의 또 다른 꿈은 내 취향에 딱 맞는 아이스크림을 만드는 것이었는데, 이 꿈은 시도조차 한 적 없었다. 이제 요령 있게 거절을 감수하고 오히려 흥미로운 결과를 이끌 수 있게 됐으니, 그 꿈을 시도할 때가 된 것이다.

몇 가지 맛을 구상한 뒤, 맛도 좋고 아이스크림에 토핑을 올릴 때 직원들이 추는 현란한 춤사위로 유명한 에이미스아이스크림으로 향했다. 다행히 이번에는 우리 어머니한테 이르는 사람은 없었다.

점원에게 태국식 매운맛 아이스크림을 만들어달라고 주문했다. 후추와 할라페뇨, 고스트 칠리를 섞은 맛이었는데, 이것들은 내가 아는 가장 매운 재료들이다. 전에 태국 레스토랑에 가서 매운맛 강도를 50 중 51을 선택했다가 이틀 동안 배탈로 죽을 고생을 한 적 있었다. 분명 이런 맛을 찾는 사람은 없을 테니, 만들어줄 리도 없다고 확신했다.

당연히 점원은 안 된다며 아이스크림 메뉴 중에서 고르라고 했다. 나는 가게를 나가거나 바닐라 아이스크림을 고르는 대신, 몇 가지 질문을 했다. 다른 매운맛은 없느냐고 물었더니, 점원은 여름철에만(그때는 겨울이었다) 할라페뇨 맛 두어 가지와 초콜릿 고추냉이 맛을 판다고 알려줬다. 그리고는 그 맛이 남아있는지 알아봤지만 재고가 없었다. 하지만 내가 재료를 가져오면 기꺼이 만들어주겠다고 했다.

마지막으로 점원은 에이미스아이스크림만의 메뉴인 베이컨민트 아이스크림을 맛보라고 권했는데, 내 마음에 쏙 들었다. 당연히 태국식 매운맛보다 훨씬 나았다.

돌이켜 보니, 점원은 그때 나와 합의점을 찾기 위해 카운터에서 내 쪽으로 나왔다. 이것은 누가 이기고 지는 제로섬 게임이 아니라, 함께 문제를 해결하는 게임이었다. 문제를 해결하면 우리 둘 모두가 승리다. 게다가 그는 내게 직접 재료를 가져오라는 타협안을 제시하며 나만의 맛을 만들 기회를 줬다.

거절이 두려웠을 때는 상대방을 적이라고 생각했다. 하지만 생각을 바꿔 그들을 협력자로 보니, 새로운 세상이 펼쳐졌다. 부정적인 선입견을 버리고 마음을 평온하게 먹은 덕분에 긍정적인 마음과 존경심을 품고 다가가게 됐다. 상대방을 협력자로 여기고 당장의 문제를 이야기하니, 그는 고객 서비스 모자를 쓰고 나를 도와줬다. 그리고 그간 여러 번 경험했듯, 결과는 내 원래 요청보다 훨씬 좋았다.

반면 협력의 반대인 '논쟁'은 거절을 낳는다. LA에서 오스틴까지 거절당하기 도전을 찍는 단편 다큐멘터리 스태프들과의 경험에서 절감했다. 그들은 황당하기 짝이 없는 부탁에 내가 승낙을 얻어내는 것을 굉장히 흥미로워했다. 내가 느낀 것을 그들과 함께 느끼고 싶어, 함께 도전하기도 했다.

오스틴은 수많은 개인 뮤직 스튜디오가 있는 명실상부한 전 세계 라이브 음악의 수도다. 또 그 스튜디오 수만큼 프리랜서 뮤지션들이 있다. 우리는 한 스튜디오를 찾아가 뮤지션에게 가장 좋아하는 곡을 연주해달라고 부탁해보기로 했다.

모르는 사람이 그런 부탁을 하면 어떻게 반응할지 궁금했다. 우리는 제작스태프 이든을 보냈다. 그는 데스크에 다가가 우리에게 스튜디오를 구경시켜주고 몇 곡 연주해줄 수 있는지 물었다. 데스크 직원은 바로 거절했다. 그는 짜증난 기색으로 지금 일하는 중이라고 말했다.

이든은 스튜디오의 일이란 잠재적인 고객의 요청을 들어주는 것이라며 따졌다. 그러자 이번에는 그 직원이 스튜디오의 방침에 따르면 사전에 허락을 받거나 비용을 받지 않고 악기를 이용하려는 고객을 거부할 수 있다고 응수했다. 둘은 옥신각신 말싸움을 하며 목소리를 점점 높였다. 거절당하기 요청은 순식간에 규칙과 책임에 대한 언쟁으로 변질되고 말았다.

경험상 좋게 끝날 것 같지 않아 결국 내가 끼어들었다. "어이없는 부탁이었으니 충분히 거절할법해요. 하지만 우리는 당신이 승낙했다면 정말 감사했을 겁니다. 우리는 그저 이 스튜디오에서 당신의 드럼 연주를 듣고 싶을 뿐이거든요."

그 직원은 나를 바라보고는 잠깐 생각하더니, 결국 고개를 끄덕였다. "좋아요." 그리고는 우리를 스튜디오에서 가장 좋은 드럼 연주실로 데려가서 자신이 가장 좋아하는 곡을 연주해줬다.

다큐멘터리 스태프들의 입이 떡 벌어졌다. 그들은 거절당하기 도전, 드럼 연주와 함께 바로 눈앞에서 거절이 승낙으로 바뀌는 광경까지 목격했기 때문이다. 그 직원에게 감사 인사를 하고 스튜디오를 나오자, 스태프들은 대체 무슨 마법으로 불과 몇 초 전에 이든에게 거절한 사람에게 승낙을 받아냈냐고 했다.

나는 지금까지 깨달은 대로 했을 뿐이었다. 거절한 상대와 논쟁을 벌이면 거절하겠다는 뜻을 바꾸기 어렵다. 사실, 논쟁을 벌이면 거절당하는 것은 당연하다. 논쟁은 협력자를 적으로 돌린다. 나는 스튜디오의 직원을 협력자라고 생각하고 접근해 그의 마음을 돌릴 수 있었다. 상대방에게 당신은 거절할 자유가 있다는 사실을 명백히 밝힘으로써, 오히려 우리가 바라던 승낙을 얻어낼 수 있었다.

포기하지 말고 전환하라

그만둘까, 말까? 한 번이라도 실패했던 사람이라면 이런 생각을 하기 마련이다. "절대 포기하지 마라. 절대, 절대 포기하지 마라. 크건 작건, 사소한 일이건 대단한 일이건 절대 포기하지 마라"는 윈스턴 처칠의 명언이나, "승자는 절대 포기하지 않으며 포기하는 사람은 절대 이기지 못한다"라는 전설적인 미식축구 감독 빈스 롬바르디의 명언 등은 자기계발 전문가나 동기 부여 강사들의 단골 인용구다. 반면 오늘날의 사업가들은 실현하기 힘든 아이디어는 과감히 포기하라고 한다. 그들은 "빨리, 자주 포기하라"를 모토로 삼는다. 베스트셀러 작가이자 경제학자인 스티븐 레빗과 스티븐 더브너는 《괴짜처럼 생각하라》에서 포기의 장점에 대해 한 챕터를 통째로 할애하기도 했다.

거절에 대한 이 두 가지 견해 모두 일리가 있다. 100일간 도전에서, 어떤 식으로 접근해도 거절 의사가 바뀌지 않은 적도 있었다. 이때 결과가 바뀔 것이라 기대하고 인내하며, 같은 상황에서 똑같은 요청을 반복하면 전혀 효과가 없다. 오히려 역효과가 날 때도 있다.

하지만 포기하는 대신, 물러나 다른 환경에서 다시 시도하면 얘기는 달라진다. 나는 이것을 '전환'이라 부른다. 전환 전략으로 일일 직장 구하기 도전에서 세 번 만에 승낙을 받았고, 남의 집 정원에 꽃나무 심기 도전에서는 두 번째로 요청한 로런에게 승낙을 받았다. 필요나 선호도에 관계없이 같은 사람을 계속 설득하기보다는 다른 사람에게 접근하는 편이 훨씬 생산적이다.

또 다른 전환의 방법은 환경을 바꾸는 것이다.

스테폰 마버리는 어릴 적부터 최고의 스포츠 스타였다. 브루클린에서 나고 자란 그는 일찌감치 농구에 뛰어난 재능을 보이며 '스타버리'라는 별명을 얻고 차세대 NBA 포인트가드로 이름을 날렸다. 고등학생 시절 그는 뉴욕 주 미스터바스켓볼상을 수상하고 맥도널드 올-아메리칸에 출전하는 등 뛰어난 성과를 거두었다. 또한 책의 주인공이 되고 비디오 게임의 커버 모델이 되기도 했다. 조지아공과대학교 1학년을 마친 1996년, NBA 드래프트에서 네 번째로 선발돼 NBA에 진출한 그는 2001년과 2003년 올스타로 선정되고 팀을 다섯 번이나 플레이오프에 진출시켰다.

마버리의 경력은 위대한 농구 스타의 전형으로 보인다. 하지만 현실은 논란과 거절 투성이었다. 적어도 NBA에서는 그랬다. 그는 프로리그에 데뷔하자마자, 화려한 자기중심적인 플레이와 코치진과의 잦은 언쟁으로 불화를 일으키며 이기적이라는 평판을 들었다. 그 때문에 어린 시절부터 꿈꿨던 뉴욕 닉스에 정착하기까지 네 개 구단을 이적했다. 하지만 이내 두 명의 수석 코치와 갈등을 일으키며 '독극물', '코치 킬러', '멍청이', '패배자'로 불리기까지 했다. 그는 대부분 벤치에 있었고, 팬들에게 야유를 들었다.

성적은 매우 뛰어났지만, 이런 평판 때문에 그는 결국 뉴욕 닉스에서 방출되고 말았다. 그리고 보스턴 셀틱스에서 그저 그렇게 몇 해를 보낸 후 결국 농구계를 떠났다. 엄청난 재능에도 불구하고 그는 13년간 다섯 팀을 거치며 NBA와 팬들에게서 거절당했다. 그의 커리어는 영원히 끝난 듯 보였다.

스테픈 마버리는 그동안 번 돈으로 살거나, 다른 NBA팀을 찾을 수도 있었다. 하지만 그는 전혀 다른 선택을 했다. 한 걸음 물러나 지구 반대편, 중국에서 커리어를 다시 시작한 것이다.

미국에 비해 훨씬 내성적인 중국 문화에서는 마버리의 거침없는 행동과 플레이 스타일이 팀을 이끌어 가는 데 필요한 리더십으로 간주됐다. 중국 프로 농구리그CBA에서 두 시즌을 뛰고 난 뒤, 마버리는 베이징 덕스에 입단했다. 가장 부유한 구단이면서도 17년 동안 한 번도 우승하지 못한 팀이었다.

마버리는 NBA의 거절을 뒤로 하고 베이징의 영웅으로 다시 태어났다. 주전 포인트가드로서, 그는 경기당 30점 이상을 득점하며 2012년 베이징 덕스에게 최초의 우승을 안겨줬다. 우승 트로피를 받기 전, 동료들은 그를 헹가래를 쳤다. 그는 라커 룸에서 15분이 넘도록 눈물을 쏟았다. "정말 믿기지 않는 일이에요." 그는 인터뷰에서 이 말을 반복했다.

2년 후 그는 베이징 덕스를 두 번째 우승으로 이끌었다. 서른일곱 살 마버리는 베이징 2,000만 시민들의 영웅이 됐고, 시장에게 명예시민상까지 받았다. 덕스의 홈 경기장에는 그의 청동상까지 세워졌다. 마버리는 명성을 얻은 뒤 거절당했고, 이제 다시 명성을 얻은 것이다.

이런 결과를 두고 마버리의 성격에 대해 논할 수도 있겠지만, 여기서 알아야 할 점은 전환의 방법을 택한다면 거절당한 뒤라도 또 다른 가능성이 열린다는 것이다. 거절이 언제나 끝을 의미하지는 않는다. 거절당한 후의 선택 사항은 매달리거나 포기하는 것만 있는 것이 아니다. 뒤로 물러나 승낙을 위한 조건이나 환경, 나아가 자신의 능력과 꿈을 재점검하라. 그러면 새로운 접근법을 찾을 수 있고, 오매불망 바라던 승낙을 얻어낼 것이다.

1 **헤어지기 전에 이유를 물어라** : 상대방이 거절해도 일단 대화를 이어가라. '왜'는 거절의 숨은 이유를 밝히고 거절당한 이에게 문제 해결의 열쇠를 주는 마법의 단어다.

2 **도망치지 말고 물러나라** : 거절당해도 포기하지 말고, 물러나 한 단계 낮은 요청을 해보라. 이번에는 승낙받을 가능성이 훨씬 높아질 것이다.

3 **논쟁하지 말고 협력하라** : 거절한 사람과 절대 논쟁하지 마라. 대신, 요청을 받아줄 수 있는 사람과 협력하라.

4 **포기하지 말고 전환하라** : 그만둘지 말지 결정하기 전에, 한 걸음 물러나 다른 사람이나 다른 환경 혹은 다른 조건으로 다시 요청하라.

최고의 초밥을 만드는 데 평생을 바친 85세의 일본인 요리사 오노 지로는 2011년의 다큐멘터리 〈스시 장인 : 지로의 꿈〉으로 유명해졌다. 도쿄에 있는 그의 작은 식당은 세계에서 가장 유명한 초밥집으로 일본의 대표 식당이 됐고, 오바마 대통령도 그의 식당을 방문하고 "지금껏 먹어본 최고의 초밥"이라고 칭찬했다.

많은 관객이 영화를 보며 놀란 것은 그의 수습생들이 식당에서 일하기 위해 겪는 혹독하고 세분화된 기초 수련 과정이었다. 그들이 제일 먼저 배우는 것은 손님들에게 내놓는 뜨거운 물수건을 짜는 것인데, 수건이 굉장히 뜨거워서 손바닥이 익을 정도다. 그다음에는 10년 동안 생선을 잘라 준비하는 과정을 수련한다. 생선 다루는 법을 배우고 나면, 드디어 계란요리를 할 자격이 생긴다. 손님에게 계란초밥을 내놓기까지 계란 200판 이상 연습해야 한다.

그의 이야기에서 숙련된 기술을 익히기 전에 기본기를 탄탄하게 연습해야만 진정한 장인이 될 수 있다는 것을 배운다.

거절에 대처하는 법을 오노 지로의 수습생으로 치자면, 거절당한 뒤 포기하지 않는 것은 물수건 짜는 단계에 불과하다. 나는 많은 것을 배웠지만, 아직도 갈 길이 멀다. 다음 단계는 단번에 승낙받는 것이다.

승낙은 설득을 동반한다. 그래서 나는 쉽게 승낙을 받을만한 도전은 지양했다. 고민할 필요 없는 쉬운 요청으로 승낙을 받고 싶지 않았다. 이미 도전 초기보다 많은 자신감이 생겼으니, 쉽게 승낙을 받아 용기를 얻을 필요도 없었다. 오히려 거절당할법한 다양한 도전을 하며 승낙의 가능성을 높일 몇 가지 원칙을 찾고자 했다.

지나가는 사람에게 5달러 주기와 낯선 이와 사진 찍기

> "살아가는 데 공짜가 최고야. 하지만 성교육이나 받을 수 있지. 그러니 나에게 돈을 줘, 그게 바로 내가 원하는 거야."
>
> — 배럿 스트롱의 노래 〈머니〉 중에서

이 노래처럼, 사람들이 가장 원하는 것은 정말 돈일까? 그렇다면 사람들에게 진짜 돈을 주면 대부분 받지 않을까. 번잡한 오스틴 시내의 한 골목에 자리 잡고, 무작위로 지나는 사람에게 5달러를 주면 받지 않을까. 물론 그들에게는 이유를 말하지 않았다. 그저 지나는 사람을 붙잡고 단도직입적으로 5달러를 원하느냐고 물었다.

내 계좌가 바닥나면 안 되니, 다섯 명에게만 제안해보았다. 그 결과는 다음과 같다.

> 행인 1 : 굉장히 반가워하며 "정말 친절한 분이군요!"라고 끊임없이 얘기했다. 한술 더 떠서, 도움이 필요한 사람을 보았다면서 나에게 다른 사람에게도 돈을 주라고 했다.
>
> 행인 2 : 의심스런 눈초리로 나를 보며 무슨 미끼가 아닌지 물었다. 아무런 조건이 없다고 하자 웃으며 돈을 받았다. 하지만 내가 필요하다면 다시 돌려주겠다고 했다.
>
> 행인 3 : "필요 없소"라고 말하며 대번에 거절했다. 그리고 근처의 노숙자 쉼터를 가리키며 말했다. "5달러가 없어서 죽을 수도 있는 노숙자들이 많이 있소. 차라리 그들에게 주면 어떻소?"
>
> 행인 4 : 왜 5달러를 주는지 물었다. "아무 이유 없습니다." 내가 대답하자, 그는 쓱 지나갔다.
>
> 행인 5 : 역시 이유를 물었다. 내가 "아무 이유 없습니다"라고 대답하자, 그녀는 어색하게 웃으며 지나갔다.

최종적으로, 두 사람에게서 승낙받고 세 사람에게 거절당했다.

그리고 얼마 지나지 않아, 뉴욕에 사는 고모 댁을 찾아갔다. 뉴욕은 언제나 사람들이 북적인다. 타임스스퀘어, 센트럴파크, 엠파이어 스테이트 빌딩 등 어디를 가든 사람들이 기념사진을 찍고 있다. 사진을 찍으려는 사람들이 낯선 이들에게 프레임 밖으로 나와달라고 정중히 부탁하거나 지나갈 때까지 기다리기도 한다. 모든 이들이 그 순간 그 명소에 자신만 있는 것처럼 보이기를 바라는 것 같다. 뉴요커 역시 이런 명소들처럼 뉴욕을 이루는 중요한 부분이니, 지나는 뉴욕 사람들을 붙잡고 함께 사진 찍자고 하면 어떨까. 고모를 사진사로 삼아서 말이다.

몇 시간 동안 나는 지나는 사람들을 붙잡고 함께 사진 찍자고 했다. 다양한 인종, 성별, 연령의 사람들에게 부탁했다. 어떤 사람은 영어도 잘 못했다. 유일한 공통점은 내가 그들에게 접근한 방식이다. 나는 그들이 이 도시의 일부라고 생각하기 때문에 함께 사진 찍고 싶다고 말했다.

어떤 이들은 사진을 찍어달라고 부탁한다고 생각했다가 '함께' 사진을 찍자는 것임을 알고 적잖이 놀랐다. 처음에는 조금 주저하다가 부탁을 들어준 이도 있었다. 하지만 단번에 승낙해서 나를 놀라게 한 사람도 있었다.

많은 이들이 내가 거절당하기 도전에서 그토록 많이 승낙을 받을 수 있었던 이유는 외향적이고 독특한 이들이 많기로 유명한 텍사스 주 오스틴에 살았기 때문이라고 생각한다. 남부 특유의 호의 덕분이라는 것이다. 아마 뉴욕이나 유럽 같은 곳에서 똑같이 부탁했다면 단호하게 거절당할 것이라면서.

어느 정도는 맞는 말이다. 하지만 나는 오스틴에서도 여러 번 거절당했다. 때로는 5달러 나눠주기처럼 거절당할 확률이 낮다고 생각한 것도 말이다. 하지만 뉴욕에서 누구에게도 이익이 되지 않는 요청을 했는데, 내가 접근한 모든 이들이 함께 사진을 찍어줬다.

처음에는 말도 안 되는 일이라고 생각했다. 하지만 촬영한 동영상을 다시 보니, 뉴욕에서의 사진 찍기 도전과 오스틴에서 돈 나눠주기 사이에서 한 가지 차이점을 찾아낼 수 있었다. 뉴욕에서는 거리에서 만난 상대방에게 관광 명소가 아닌 사람을 사진에 담고 싶다며 '왜' 내가 그들과 사진 찍고 싶은지 설명했다. 내 동기를 밝히지 않고 그들이 알아서 추측하게 하지 않았던 것이다. 그러자 그들은 상식을 벗어난 요청에도 응했다.

지금까지 도전을 하며, 거절당한 후 이유를 물으면 상대의 행동을 이해하게 되고 가끔은 거절이 승낙, 나아가 더 나은 제안으로 이어질 수도 있다는 것을 배웠다. 그리고 뉴요커들과 사진을 찍으며 거꾸로 내가 무언가를 요청할 때도 그 이유를 설명하면 비슷한 효과가 있다는 사실을 깨달았다. 그리고 나보다 훨씬 앞서 이런 사실을 안 사람이 있다.

1978년, 하버드대학교의 심리학자 엘런 랭어는 한 실험을 했다. 그녀는 복사기를 사용하려고 기다리는 사람들에게 자신이 먼저 복사해도 되겠느냐고 물었다. 요청하는 방식이 결과에 영향을 미치는지 알아보기 위해서였다. 그녀가 "죄송합니다, 다섯 장만 복사하면 되는데 먼저 사용해도 될까요?"라고 묻자, 응답자의 60퍼센트가 먼저 사용하게 해줬다. 그리고 "죄송합니다, 다섯 장만 복사하면 되는데 먼저 사용해도 될까요? 제가 굉장히 급해서요"라고 이유를 덧붙이자 승낙률이 94퍼센트까지 치솟았다. 세 번째에도 이유를 덧붙이기는 했지만, 아무 의미 없는 내용이었다. "죄송합니다, 다섯 장을 복사해야 하는데 먼저 사용해도 될까요? 제가 몇 부 복사해야 해서요." 충격적이게도 그녀의 요청을 승낙한 사람은 93퍼센트에 달했다.

'복사기 실험'이라고 불리는 이 실험은 획기적인 심리학 연구였다. 상대방이 요청할 때 그 이유를 아는지에 따라 크게 영향을 받는다는 것을 밝혀냈기 때문이다. 심지어 그 이유의 내용은 크게 상관없었다. 내 도전 역시 이 이론을 뒷받침한다. 상대방에게 요청하며 그 이유를 말하면, 아무리 황당한 내용이라도 승낙받은 비율이 높았다.

그러나 많은 이들이 이 단계를 건너뛰곤 한다. 물론 나도 그렇다. 요청을 하면서 내가 얼마나 자주 이유를 이야기하지 않았는지 생각해보니 놀라울 정도였다. 나는 상대가 이유를 이미 알고 있거나 알고 싶어 하지 않는다고 생각했다. 때로는 요청 자체에만 몰두한 나머지 열정적으로 상대에게 접근하지도 않았다. 이유를 설명하는 건 나약한 사람이나 하는 것이라는 생각도 했다. 그리고 나 자신에게조차 이유를 명확히 밝히지 못할 때도 있었다.

'나'로 시작하라

물론 랭어는 질문자의 관점에서 실험했다. 그녀가 제시한 이유는 터무니없든 합리적이든 자신의 욕구와 필요 때문이었다. 이미 복사기 앞에서 기다리고 있는 사람들은 무시한 것이다. 여기서 한 가지 궁금한 것이 생겼다. 내가 제시하는 이유가 나 때문이 아니라 상대방 때문이라면 어떻게 될까? 함께 사진 찍어달라는 요청을 받은 사람들처럼 말이다.

이제는 고전이 된 베스트셀러 《카네기 인간관계론》에서 데일 카네기는 "다른 사람에게 순수하게 관심을 갖고" "상대의 흥미에 대해 이야기하라"고 말했다. 이 말을 누군가에게 요청할 때 적용하면 어떨까? 내가 그들에게 말하는 이유가 나를 위해서라기보다 다른 이의 흥미와 필요를 충족한다면, 승낙받을 가능성은 훨씬 높아지지 않을까?

미용사의 머리 자르기

내가 도전했던 것들 중에 블로그에 올리지 못한 것도 있는데, 바로 데일 카네기에게 영감을 받아 시도한 것이었다. 첫 단추부터 잘못 끼웠기 때문이다.

동네 미용실에 찾아가 미용사의 머리를 자르기 도전을 했다. 미용사의 지루한 일상에 기분 전환이 되지 않을까 싶어서였다. 이런 생각에 미치자

나는 바로 실행에 옮겼다. 날카로운 가위를 손에 쥔 베트남 인 여자 미용사와 인사를 나눈 뒤, 단도직입적으로 물어봤다.

"제가 당신의 머리를 잘라도 될까요?" 내가 물었다.

"내 머리를 자르고 싶다고요?" 어이없는 질문이 웃겼는지 그녀는 가볍게 미소를 지었다.

나는 이유를 자세하게 설명했다. "네, 그래요. 당신은 수천 명의 머리를 잘랐을 겁니다. 이제는 이 일도 지겨워지지 않았겠어요? 이번엔 그 반대로 해보면 어떨까요. 제가 당신의 머리를 멋지게 잘라드릴게요."

자신의 일에 자부심이 있던 그 미용사는 내가 말을 마치기도 전에 미소를 거두고 인상을 찌푸렸다. "이 일이 지겨워졌다니 그게 무슨 말이에요? 난 내 일을 사랑한다고요!" 그녀가 쏘아붙였다.

그녀의 손님도 미용사의 불쾌함을 감지하고는 그녀의 편을 들고 나섰다. 그는 내가 그녀의 일을 방해했다고 비난하며 차마 글로 옮길 수 없는 말로 나에게 욕설을 퍼부었다.

내 요청이 이상했다는 건 분명 인정한다. 하지만 2 대 1 대치 상황으로 끝나게 되리라고는 전혀 생각하지 못했다. 온갖 욕설과 비난을 받으니 차분하기가 힘들었다. 그래서 나는 그저 분위기를 띄워서 즐겁게 하려는 의도에서 그저 그녀의 머리카락 몇 가닥 자르려고 했을 뿐이라고 설명했다.

하지만 이미 늦은 뒤였다. 무슨 말을 해도 분위기를 바꿀 수 없었다.

결국 나는 사과하고 자리를 떴다. 너무나 창피했다. 거절당했기 때문이 아니라 즐거울 수도 있었던 경험이 순식간에 불쾌하게 바뀌어버렸기 때문이다. 내 잘못된 말 한마디로 다른 사람들의 행복한 하루를 이렇게 망쳐버리다니, 그 미용사에게 미안했다. 처음의 반응으로 미루어보건대, 내가 진짜 이유를 말했더라면 그녀는 승낙했을지도 몰랐다.

그 손님의 욕설 때문에 동영상을 블로그에 올리지 못했다. 내가 올린 동영상으로 누군가를 나쁜 사람으로 만들고 싶진 않았다.

미용실 사건으로 몇 가지 교훈을 얻었다. 특히 사람들의 직업적 자부심을 절대 과소평가하면 안 된다는 사실을 절감했다. 하지만 진짜 깨달음은 이것이었다. 내가 미용사의 관심과 필요를 제대로 파악하지 못했다는 것이다. 나는 과녁을 크게 벗어났다. 전문 미용사가 왜 훈련받지 않은 이방인에게 자신의 머리를 맡기는 위험을 감수하겠는가? 또한 자신의 직업을 사랑하는 그녀에게 당신의 일이 "지겨울" 테니 "기분 전환이 필요"할 거라는 말은 분명 모욕적이었을 것이다. 나는 일이 지겨운 미용사들이라면 일상에서 벗어나 휴식을 즐기고 싶을 거라고 생각했다. 하지만 그렇게 해석해서는 안 됐다.

설사 그녀가 휴식을 원하더라도, 아무에게나 자신의 머리를 맡기는 것이 안식이 될 순 없었다. 오히려 노래를 불러주거나 가게를 청소해주는 편이 훨씬 나았을 것이다.

하지만 가장 아쉬운 점은 상대방의 필요를 고려하지 못한 것이다. 나는 이 도전이 그녀에게 딱 맞다고 생각했지만, 사실 호감을 살만한 제안이 아니었다. 그저 기발한 요청을 하겠다는 내 욕심에 불과했다.

텍사스대학교의 사회심리학자 제임스 페니베이커는 사람들이 메일에서 대명사를 사용하는 방식을 조사했다. 그 결과에 따르면, '나'라는 대명사를 쓰는 사람들이 솔직하게 말하거나 그렇게 인식된다. 반면 '당신'이나 '그, 그녀, 그들' 등을 주어로 사용하는 사람들은 진실을 말하지 않을 가능성이 크다. 은행이나 공익 기업들이 요금 인상이나 혜택 축소 등의 반갑지 않은 소식을 전하는 편지에는 언제나 "여러분께 더 나은 서비스를 제공하기 위해"라고 시작한다. 아무도 믿지 않지만.

내가 "100달러를 빌려달라"거나 "햄버거 리필을 해달라"거나 "당신 뒤뜰에서 축구하게 해달라"고 요청했을 때, 승낙을 하면 상대가 어떤 이익을 얻는지 설명하지 않았다. 사람들은 거절하거나 승낙했지만, 누구도 화를 내거나 무시하며 말하지 않았다. '나'로 요청을 시작했기 때문에 상대방도 내가 그들에게 거짓 부탁이 아닌, 진짜 부탁을 하고 있다는 사실을 명확히 알았다.

의심을 인정하라

미용실 사건은 내 거절당하기 도전의 가장 중요한 주제인 신뢰와 편안함에 대해 다시 생각하는 계기가 됐다. 내가 요청을 하면 상대방의 표정을 살핀다. 놀라움, 당황, 의심이 뒤섞인 표정이다. 그리고는 나를 살펴보며 자문할 것이다. 이 남자가 불순한 의도로 접근한 건 아닐까? 사기를 치거나, 신흥 종교에 끌어들이거나, 내 신분증을 훔치려는 건 아닐까? 나는 내가 거절당하는 두려움과 맞서 싸우기 위해 제안을 하고 있고, 상대방에게 해를 끼칠 의도가 전혀 없다는 것을 잘 안다. 하지만 상대방도 안다고 확신할 수 있을까? 어떻게 하면 나와 편안하게 이야기하게 할 수 있을까?

스타벅스에서 손님 맞이하기

나는 그리터^{Greeter}(식당이나 상점에서 손님을 맞이하는 직원. - 옮긴이)를 좋아한다. 이 친절한 도우미들은 월마트처럼 거대한 매장을 돌아다니며, 찾는 물건이 어디 있는지 마법처럼 정확하게 알려준다. 나는 넓다 못해 기가 죽을 정도로 광활한 매장에 들어섰을 때 "안녕하세요."라고 나를 맞으며 방향을 안내해 주는 그들이 항상 고맙다.

월마트에 자주 가진 않지만, 스타벅스는 내가 가장 좋아하는 곳이다. 나는 친근하고 편안한 스타벅스를 좋아한다. 물론 커피도 맛있다. 하지만 스타벅스에는 그리터가 없다. 내가 그리터가 되면 어떨까. 거절당하기 도전으로 적절한 아이디어 같았다.

그리고 어느 날, 동네 스타벅스에 찾아가 한 시간 정도 문 옆에 서서 스타벅스 그리터로 일할 수 있는지 바리스타에게 물었다. 바리스타 에릭은 누구나 그렇듯 내 요청의 의미를 이해하려 고심하는듯했다. 그는 내 부탁을 들어주고 싶지만, 동시에 내 목적이 파악되지 않는 모양이었다. 그가 혼란스러워하는 모습을 보고, 그를 보다 편안하게 해주기 위해 말을 이어나갔다.

"이상한 부탁이지요?" 내가 물었다.

"네, 좀 이상하긴 하네요." 그가 안심이 되는 듯 대답했다. 내 부탁이 이상하다는 사실을 인정하니 그도 편안해진 것 같았다.

"뭘 파는 건 아니겠죠?" 그가 물었다. 그리고는 예전에 어떤 여자가 문간에 자리 잡고는 들어오는 손님들에게 물건을 팔아서, 쫓아내야 했다는 이야기를 해줬다. 에릭에게는 되풀이하고 싶지 않은 경험이었다. 그가 주저했던 이유는 이렇게 황당한 경험이 떠올라서였다.

나는 그에게 아무것도 팔지 않을 것이며, 그저 스타벅스 커피를 사랑하기 때문에 다른 이들이 스타벅스를 더 즐겁게 즐길 수 있도록 돕고 싶은 것이라고 말했다.

마침내 에릭은 승낙했다. "안 될 이유가 없지요. 황당한 일만 벌어지지 않는다면 말이죠."

그리고 몇 시간 동안 나는 문간에 서서 들어오는 손님들에게 미소 지으며 인사를 건넸다. 인사말도 "스타벅스에 오신 것을 환영합니다!"나 "세상에서 제일 맛있는 커피가 있습니다!"등 다양하게 변주했다. 대부분 사람들은 나를 무시했지만(손님 한 사람만 나에게 커피 잔을 들어 인사를 건넸다), 그리 신경 쓰이지 않았다. 그리터라면 남들의 반응에 시무룩해질 필요가 없잖은가.

상대방이 나를 의심할 수 있다는 사실을 인정하는 것은 꽤나 유용하다. 에릭에게 내 부탁이 '이상하다'는 사실을 인정하자 오히려 신뢰를 얻었다. 내가 정신 나간 사람이 아니라 그와 같은 생각을 하고 있다는 사실을 알려주면, 내 솔직한 면을 드러내는 동시에 상대방과 공감할 수 있다. 이 두 가지는 신뢰를 쌓는 데 중요한 요소 아닌가. "이상한 부탁이죠?"라는 물음이 에릭을 편하게 만들어, 내게 마음을 열게 했다. 덕분에 그는 자신의 의구심을 나에게 솔직하게 설명할 수 있었다. 이렇게 대화를 나누니, 나에게 그리터를 맡겨도 에릭 자신이나 손님과 매장에 피해를 주지 않을 것이라는 생각을 하게 됐다. 내가 승낙을 받을 가능성이 높아진 것이다.

쉬워 보이지만, 바로 그 자리에서 상대방의 의심을 먼저 인정하는 것은 꽤나 어렵다. 거절당하기 도전 전에는 일자리, 벤처 투자, 영업 등 다른 사람에게 뭔가를 요청할 때 상대방이 품을지도 모르는 의심이나 의문점을 툭 털어 이야기하고 싶지 않았다. 그렇게 내 약점을 인정하면 상대에게 거절할 빌미를 주는 것이라고 생각했다. 따라서 그들이 의심하는 부분을 아예 언급하지 않음으로써 의심이 사라지거나 적어도 감춰지기를 바랐다. 하지만 의심은 저절로 사라지지 않는다. 상대의 의심을 해소하지

<mark>못한다면 오히려 거절의 이유가 된다.</mark>

물론 내가 이런 사실을 처음으로 알아낸 것은 아니다. 기업은 이 원리를 즐겨 이용한다. 도미노피자의 예를 보자. 2009년 전국 피자 체인을 대상으로 한 소비자 맛 평가에서 도미노피자는 처키치즈와 공동 꼴찌를 했다. 결과 발표 직후, 도미노피자는 레시피와 메뉴를 전격 교체했다. 하지만 전국적인 광고에서는 새로 출시된 피자의 참신하고 신선하며 굉장한 맛을 내세우지 않았다. 오히려 대량 생산이나 식상함, 그저 그런 맛, 기억에 남지 않음 등의 키워드를 이용해 소비자들의 피드백을 공유하며 지난 제품을 냉정히 비판했다.

나는 그 광고를 보고, 자신들의 제품이 얼마나 부족했는지 이렇게 솔직히 인정한 도미노피자에서 이제 전혀 다른 신제품이 나올 거라고 생각했다. 그래서 신제품을 먹으러 도미노피자에 갔는데, 나만 그렇게 생각한 것이 아니었다. 도미노피자의 재출범과 정직한 광고는 엄청난 성공을 거두었다. 그 광고가 나가고 1년 후, 도미노피자는 불경기였음에도 분기 매출이 14.3퍼센트 증가하는 역사적인 기록을 세우며 부활했다. 대형 패스트푸드 체인 중 최고의 기록이었다.

처한 상황에 상관없이 상대방의 의심을 공개적으로 밝히는 것은 관심과 신뢰, 나아가 승낙을 얻어낼 강력한 방법이다. 게다가 요청하면서 느끼는 두려움과 긴장감을 날려버릴 수도 있다. 정직해지고 상대의 의심을 인정하면, 상대와 당신 자신이 편안해질 뿐 아니라 신뢰도 두터워진다.

물론 이유를 설명하고, '나'라는 주어로 시작하며, 상대방의 의심을 인정해도 거절당할 수 있다. 때로는 이유를 막론하고 거절할 수도 있고, 제안하는 것을 원하거나 필요하지 않을 수도 있다.

하지만 승낙받을 가능성을 높이기 위해 할 수 있는 건 오직 하나다. 사람을 바꿀 수는 없지만 목표를 현명하게 고를 수는 있다.

대학에서 강의하기

우리 집안에는 대대로 교사가 많다. 고조할아버지는 102년 전에 중국에서 꽤 유명한 서당을 세우셨고, 할아버지와 아버지, 삼촌들 모두 대학이나 고등학교에서 학생을 가르쳤다. 그래서 나는 내가 우리 집안 최초의 자본가라며 농담을 하곤 했다. 계보를 이어 교사가 되는 대신 사업가를 꿈꿨으니 말이다. 나에게 강요할 의도는 아니었겠지만, 우리 할머니께서도 내가 교사가 됐으면 좋겠다고 말씀하시곤 했다.

그래선지 나는 대학에서 강의하면 어떤 느낌인지 언제나 궁금했다. 100일간의 도전을 하다 보니, 내가 원하던 것을 해볼 기회의 창이 열린 기분이 들었다. 오륜기 도넛을 얻거나 하루 동안만 일할 일자리도 찾을 수 있는데, 한 시간 동안 선생이 되지 못할 이유가 없지 않겠는가?

나는 이력서와 명함을 챙기고 파워포인트로 강의안을 만들어 아이패드에 넣었다. 그리고는 가장 좋아하는 와이셔츠를 입고 텍사스대학교로 향했다.

먼저 경영대학에서 시작했다. '전 경영대 학생'이자 '현 사업가'라는 경력이라면 교수들과 만날 수 있으리라 생각했다. 하지만 방학 중이라 교수들을 찾을 수도 없었다. 누군가와 통화를 해야겠다는 생각이 들어, 구내 전화번호부를 뒤져 다른 과의 교수들에게 무작정 전화를 걸었다. 그러다 조엘 롤린스라는 커뮤니케이션을 가르치는 교수와 연결이 됐다. 당시 그는 토론을 가르치고 있었다.

그는 내 전화를 받고는, 통신 판매냐고 물었다. 그렇지 않다고 설명하고, 학생들에게 새로운 시각의 커뮤니케이션에 대해 강의를 하고 싶다고 말했다. 처음엔 의심했지만 조금씩 관심을 보이며, 자신의 방에서 직접 만나 5분 정도 이야기를 나눠보자고 했다.

나는 롤린스 교수에게 그 지역의 사업가이자 블로거라고 소개했다. 그리고는 아이패드를 꺼내, 거절에 대한 강의안을 보여줬다. 내 강의안이 꽤 인상적이었던지, 그는 내 주제가 자신의 토론 수업에는 맞지 않지만 커뮤니케이션과 사회적 변화에 대한 다음 학기 수업에서는 유용할 것 같다고 했다. "인간 행동에서……무언가를 시작할 때 여러 차례 거절당하기" 때문이라는 것이었다.

짧은 대화 후 교수는 내 주제가 자신의 커리큘럼과 관련 있다고 했다. 그저 한 번의 부탁으로 내 꿈 중 하나가 이루어진다니 믿어지지 않았다. 나는 그를 끌어안을뻔했지만, 지나치게 흥분한 것처럼 보일까봐 자제했다. 대학생 때 교수님 앞에서는 절대 흥분해선 안 된다는 것을 경험으로 터득했기 때문이다.

한 달 후, 새 학기가 시작되고 롤린스 교수는 강의 시간을 정하기 위해 나에게 전화를 했다. 드디어 기다리던 순간이었다.

어릴 적에 할머니가 감동적인 이야기를 읽어주시곤 했다. 프랑스 인 아멜 선생님이 학생들에게 마지막으로 수업을 하는 내용의 알퐁스 도데의 《마지막 수업》을 자주 읽어주셨다. 당시 프랑스는 프랑스-프로이센 전쟁에서 져서 그 지역을 적국에 내줘야 했고, 다음 날부터 학교에서는 프랑스어 대신 독일어를 가르치게 됐다. 아멜 선생님은 마지막 수업을 위해 옷을 차려입고, 인생 최고의 수업을 한다.

나는 마지막 수업이 아니라 첫 수업이지만 아멜 선생님처럼 수업을 위해 가장 좋아하는 셔츠로 차려입었다. 그리고 사람들은 변화, 특히 권력과 전통에 대한 변화에 저항하기 마련이며 역사적으로 위대한 사상과 운동은 무엇보다 격렬하게 거부당하는 경우가 많았다고 강의했다. 사도 바울과 마틴 루서 킹 목사의 예를 들며, 그들이 거절을 어떻게 기회로 바꾸고, 나아가 세상을 바꿨는지 설명했다. 그리고 학생들에게 거절당했을 때 쉽게 포기하지 말고 현명하게 다시 접근한다면 승낙을 얻을 수 있을 것이라고 격려했다.

강의가 끝난 후, 학생들은 열렬한 박수로 화답했고 롤린스 교수는 나를 포옹했다(정말 놀랍지 않은가!). 나는 눈물을 훔치며 강의를 지켜봐준 아내와 함께 강의실을 나왔다. 할머니의 영혼이 강의실에서 나를 보고 계신 것 같았다. 할머니는 분명 나를 자랑스러워하시리라.

감동적인 경험을 한 그때의 내 기분을 정확히 표현하기는 힘들다. 그날까지도 나에게 이렇게 멋진 일이 일어나리라고는 생각도 못했다. 그저 요청만 했을 뿐인데 이토록 빨리 일어나다니. 승낙을 얻는 데 도움되는 일을 한 가지 하기는 했다. 100일간의 도전으로 얻은 가장 중요한 교훈, 바로 '알맞은 목표 대상 선정하기'다.

롤린스 교수를 만나기 전까지, 나는 며칠 동안 끙끙대며 가상의 강의실에서 가상의 학생들에게 강의할 자료를 준비했다. 교수가 된 내 모습을 상상해보고, 우리 집안 내력을 생각하며 열과 성을 다했다. 내 프레젠테이션이 누구에게 보일지 모르고 그저 매진했다. 또 자료를 꾸미고 내 경험이 강조되도록 이력서를 다듬었다. 덕분에 롤린스 교수가 나를 신뢰하게 됐다. 내가 황당한 소원을 비는 정신 나간 사람이거나 그저 웃기고 싶어 하는 실없는 농담꾼이 아니라는 것을 스스로 준비한 자료로 입증한 것이다.

하지만 아무리 준비를 잘했더라도, 교수가 낯선 이에게 강의를 맡길 가능성은 낮았다. 그래서 가능성을 높이기 위해 가장 받아들일 가능성이 높은 대상에게 집중했다. 경영대학이라면 내 메시지의 가치를 인정할듯싶어, 거기서부터 시작했다. 하지만 불행히도 시기가 맞지 않아 다음 선택지, 커뮤니케이션으로 넘어갔다. 롤린스 교수는 나를 두 팔 벌려 환영했고, 학생들 역시 그랬다. 내가 간호학과 교수를 골랐다면 아마도 바로 거절당했을 것이다.

목표 선정이 가장 중요하다. 이에 관련해 유명한 이야기가 있다. 몇 년 전, 워싱턴포스트의 기자 진 와인가튼이 실시한 흥미로운 실험이다. 그는 그래미상을 받은 바이올리니스트이자 지휘자인 조슈아 벨에게 거리 연주자처럼 입고 혼잡한 워싱턴D.C의 역에서 연주해달라고 했다. 세계적으로 유명한 바이올리니스트인 조슈아 벨의 콘서트 티켓값은 수백 달러다. 와인가튼은 출근하느라 바쁜 사람들을 대상으로 정체를 감추고 연주하게 했다. 사람들은 천재의 연주를 알아채고 멈추어, 거장의 연주를 공짜로 듣는 행운을 누릴까? 아니면 아무도 알아채지 못할까?

청바지에 티셔츠, 야구 모자를 눌러쓴 벨은 최선을 다해 연주했다. 지하철역에서 연주하는 45분 동안 1,097명이 그 앞을 지났지만, 오직 일곱 명만이 귀를 기울였고 조슈아 벨을 알아본 사람은 단 한 명뿐이었다.

이 실험에 대해 사람들이 클래식에 관심이 없다거나 차편에만 신경 썼기 때문이라는 의견이 많지만, 한편으로는 조슈아 벨이 정체를 드러내지 않아 신뢰가 부족했다는 해석도 있다.

그리고 그가 연주를 들려줄 대상을 잘못 선정했다는 사실도 부인하기 어렵다. 불과 며칠 전, 조슈아 벨은 존 F.케네디 센터에서 열린 공연에서는 기립 박수를 받았다. 이렇게 대비되는 결과라니 정말 놀랍지 않은가.

처음으로 강의에 도전한 나와 세계적인 바이올리니스트를 직접 비교하긴 어렵다. 하지만 두 사례에서 목표 선정의 원리를 파악할 수 있다. 성과물이 아무리 뛰어나도, 그 가치를 알아보고 평가할 상대를 잘못 선정한다면 노력은 헛수고로 돌아가 거절당하게 된다.

1 **이유를 설명하라** : 이유를 설명하면 승낙받을 가능성이 훨씬 높아진다.
2 **'나'로 시작하라** : '나'라는 주어로 시작하는 것이 상대방에게 진정한 통제권을 주는 것이다. 잘 알지도 못하면서 상대의 관심사를 헤아려주는 척 마라.
3 **의심을 인정하라** : 당신의 요청에 거절할 수 있음을 상대방 앞에서 인정한다면 신뢰를 얻을 수 있다.
4 **적합한 상대를 선정하라** : 보다 수용적인 상대를 선택하면 승낙받을 가능성이 커진다.

아침마다 오늘은 또 무슨 참신한 아이디어로 거절당할까 생각하며 눈을 떴다. 아직 많은 부분에서 두려웠지만, 심리학·협상·설득에 대해 공부를 많이 하면서 새로 습득한 지식을 독자들과 공유하고 시험해보는 도전의 짜릿함이 훨씬 컸다. 초밥 장인의 단계로 치자면 이제 손님에게 계란초밥을 낼 수 있는 정도가 아닐까.

하지만 한계에 다다른 건 아닌지, 거절당하기를 통해 배울 수 있는 모든 것을 쥐어짜서 배움의 속도가 느려지는 건 아닌지 등 이런저런 의문이 들었다.

여전히 내 도전을 지켜봐주는 사람들에게서 메일이 쏟아지고 있어서, 이를 분류하고 정리하는 것도 꽤 힘들었다. 하지만 많은 사람들이 자신의 이야기를 기꺼이 나와 공유하거나, 자신의 경험에 대한 내 의견을 듣고 싶어 하다니 무척이나 영광이었다. 나에게 손을 뻗어줬다는 것에 감사하고, 그들과 교류하고 도움을 주면서 깨달음을 얻는 것도 즐겁다.

거절에 맞서는 투쟁이 알려지면서 어느새 나는 두려워 말고 요구하기를 열렬히 주장하는 사람이 됐고, 이제는 내가 수많은 부탁을 받는 입장이 됐다. 그러면서 개인 상담이나 일자리를 부탁하거나 비즈니스 파트너십을 맺자는 사람들이 생겨났다. 그중에는 자신이 재배한 농산물을 판매해달라거나 주말 동안 자신의 집에서 함께 지내자는 등의 꽤 이상한 부탁도 있었다. 이런 종류의 부탁은 대부분 이런 문구로 시작한다. "거절을 두려워 말라는 당신의 가르침에 따라, 나만의 방법으로 거절당하는 두려움을 극복해보려 합니다. (요청 내용)을 해주실 수 있나요?"

처음에는 할 수 있는 일이면 모두 승낙했다. 하지만 이렇게 모든 부탁을 들어주니 점차 내 생활이 없어졌다. 블로그, 우리 가족, 나 자신을 위한 시간이 점점 사라졌다. 부탁의 무게가 나를 짓누르면서, 내 대답도 조금씩 건조해졌다. 나에게 뭔가를 원하는 사람들이 많아지면서, 그들의 부탁을 승낙하면 다른 일을 제대로 할 수 없다는 사실도 짜증이 났다.

마침내, 내 삶의 균형을 찾기 위해서는 '안 된다'라고 말해야 한다는 사실을 깨달았다. 하지만 전혀 내키지 않았다.

평생 거절당하는 게 두려웠는데, 다른 사람을 거절하는 일이 유쾌할 리 없었다. 거절하는 것은 거절당하는 것보다 나을 것이 없었다. 아니, 내가 바보가 된 것 같았다. 거절당하기 도전을 하는 내가, 다른 이의 부탁을 거절하면 내 도전이 위선이 될 것이라는 생각도 들었다. 자신이 원하는 것을 당당히 요구하라고 하고는 정작 나는 그들을 거절하다니. 이런 상황이 끔찍이 싫었다.

정말이지 "안 된다"라고 말하기 싫었다. 사람들은 장문의 편지로 부탁을 하는데, 거기에 "유감입니다만, 저는 할 수 없습니다"라고 간략한 답장을 받으면 상대방은 무시당하는 기분이지 않겠는가. 그들이 이런 요청에 들인 시간과 노력을 생각하면 더 그렇다. 어찌해야 할지 도저히 몰랐다.

그러다 나쁜 습관이 생겼다. 답장을 미루기 시작한 것이다. 때로는 까맣게 잊어버리기도 했다. 하지만 언제나 마음의 빚을 진 듯 마음 한구석이 무거웠고, 그래서 잠 못 이루는 날들이 많아졌다. 결국 사람들에 요청 메일을 받으면 흥분보다는 부담감부터 생겼다.

어느 날 대학 동창의 집에 놀러 갔다. 10년 만에 만난 반가운 친구였다. 대학생 때 그녀의 꿈은 엄마가 된 뒤 도움이 필요한 여성을 돕는 NGO를 운영하는 것이었고, 여성을 위한 NGO를 목표로 학·석사 과정을 마쳤다. 대학 졸업 후 그녀는 예쁜 두 딸의 엄마는 됐지만, 아직 NGO는 운영하지 못하고 몇몇 단체에서 자원봉사를 했다. 대학 시절의 꿈과는 동떨어진 삶을 살고 있었다.

그녀는 자원봉사자가 얼마나 많은 일을 하는지 털어놓았다. 그녀가 일하는 단체들은 모두 원대한 목표와 숭고한 목적으로 세워졌지만, 그곳에서 일하는 사람들은 다른 사람, 특히 그녀에게 힘든 일을 미루기 일쑤였다. 그녀는 약속 시간보다 더 일해달라는 부탁을 받으면 거절하지 못했다. 하지만 모든 걸 떠맡자니 화병이 생길 판이었다. 그녀가 어렵게 거절을 하면, 그들은 이전과는 다른 그녀의 모습에 적잖이 당황스러워했다.

이런 딜레마 때문에 하고 있는 일과 심지어 꿈 자체에도 염증을 느낀 그녀는, 이제 모든 걸 그만두고 잠시 쉴 생각이라고 말했다.

친구의 고백은 꽤 충격적이었다. 그녀의 불행한 모습뿐 아니라 타인이 선의로 하는 부탁을 거절하는 것을 어려워하는 것이 나와 너무도 비슷했기 때문이다. 이 힘든 마음을 조절하지 못하면 나 역시도 죄다 그만두고 싶어질지도 몰랐다. 우발적으로 지금 하고 있는 일을 때려치울 수도 있었다. 그 밑바닥에는 지금껏 내가 싸워온 문제, 즉 거절당하는 두려움이 깔려있었다. 안 된다고 말하는 것 자체가 두렵진 않았다. 사람들의 반응, 특히 실망과 분노가 두려웠다. 내가 상대방의 요청을 거절했기 때문에 상대방이 나를 거절할까 두려운 것이다.

내가 접근한 사람들이 어떻게 거절했는지 알아보기 위해 지난 동영상을 다시 살펴봤다. 사람들은 각자의 방식으로 거절했다. 개중에는 기분 좋은 거절과 기분 나쁜 거절이 있었다. 경멸을 드러내며 냉정하게 거절하는 이가 있는 반면, 거절당해도 좋아할 수 있을 만큼 예의 바르고 친절하게 거절하는 이도 있었다. 이렇게 기분 좋게 거절하는 사람들에게 배울 점이 있었다. 나는 동영상을 보고 또 보며 그들의 가르침을 최대한 받아들이려 노력했다.

퍼스널트레이너와 서비스 교환하기

내가 가장 열심히 연구한 동영상은 조던이라는 퍼스널트레이너를 상대로 한 도전 영상이었다.

화폐가 출현하기 전 오랜 옛날에는 상품과 서비스를 물물 교환으로 얻었다. 그러면 신용 카드와 전자 상거래가 보편화된 오늘날에도 물물 교환이 먹힐까. 이 궁금증을 시작으로 도전에 나섰다.

피트니스센터에 회원 가입을 하지 않고서 퍼스널트레이너에게 한 시간 무료 트레이닝을 받고, 반대로 나는 한 시간 동안 기업가 정신과 블로그 운영에 대해 가르쳐주는 거래를 제안하면 어떨까?

나는 근처의 24시간 피트니스센터에 들어가 목표로 삼을 대상을 찾아 둘러봤다. 그러다 이두박근이 울룩불룩한 키 큰 젊은 남자를 발견했다. 그가 바로 조던이었다.

조던은 서비스를 교환하자는 내 제안을 차분히 듣더니, 이내 무료 트레이닝을 금하는 회사 방침 때문에 거래 제안을 받아들일 수 없다고 설명했다. 하지만 그는 방법을 찾고자 했다. 내가 회원 등록을 하면 오리엔테이션으로 무료 트레이닝을 해주겠다고 제안했다.

하지만 나는 회원 등록은 하고 싶지 않았다. 그것은 내게 실패를 의미했다. 그래서 전략적으로 후퇴해 다른 방향으로 접근했다. "여기서 할 수 없으면, 다른 곳에서 할 수 있을까요?"

조던을 정말 유감이라는 표정으로 고개를 저었다. 경쟁 금지 조항에 서명을 했기 때문에 체육관 밖에서 임의로 트레이닝을 했다가는 해고된다고 설명해줬다.

조던이 해고당하게 할 수는 없어 피트니스센터를 나섰다. 그런데 그가 내 첫 제안에 솔깃했는지는 알고 싶었다. "기업가 정신과 블로그 운영에 관심은 있나요?"

"아뇨, 그다지 관심 없습니다. 전 소방관이 되고 싶거든요." 조던이 대답했다.

"훌륭한 직업이죠. 정말 존경스러운 분들입니다. 그들이야말로 진짜 영웅이지요!" 내가 진심을 담아 말했다.

"고맙습니다. 정말로요." 조던이 대답했다. 그리고 전혀 예상치 못한 일이 벌어졌다.

"피트니스센터를 운영하는 친구가 있습니다. 그곳에도 트레이너가 있으니까 언제든 들러보세요. 그 사람들은 다른 체육관과 계약하지 않은 프리랜서라서, 당신의 제안을 받아들일 수도 있을 겁니다."

그리고는 친구의 명함을 줬다. 나는 명함의 전화번호로 연락해, 공짜로 트레이닝을 받을 수 있는지 제안했다.

조던의 친절함은 이뿐만이 아니었다. 나를 놀라게 한 것은 그가 내 첫 제안을 거절한 방식이었다. 그는 내 제안에 전혀 흥미가 없었음에도 무시하지 않고 끝까지 귀 기울여줬고, 내 부탁을 들어줄 수 없는 실제 이유를 진지하게 설명했다. 그리고 최선을 다해 내가 원하는 것을 얻을 수 있도록 도움을 줬다. 그의 행동 덕분에 존중받는다는 기분이 들었다. 조던의 거절은 마치 승낙처럼 느껴졌다. 조던은 완벽한 거절을 한 것이다.

인내와 존중하는 마음을 가져라

조던에게 가장 인상 깊었던 점은 나를 대하는 태도였다. 내가 원하는 바를 이루기 위해 몇 번을 설득했는데도 그는 차분하고 존중하는 태도로 일관했다. 이처럼 내내 친절한 사람을 싫어하기란 쉽지 않다. 거절할 때도 상대의 이야기를 참을성 있게 듣고 존중해야 한다는 것은 어찌 보면 간단하다. 하지만 우리가 이를 얼마나 실천하는지 생각해보라.

마케팅과 커뮤니케이션 담당 임원인 켈리 블래젝의 이야기를 살펴보자. 몇 년 전, 블래젝은 마케팅과 커뮤니케이션 분야의 구직자와 기업을 연결해주는 클리블랜드잡뱅크라는 야후! 그룹을 만들었다. 7,300명 이상의 그룹 구독자 중 많은 이들이 일자리를 찾도록 도와준 블래젝에게 감사해했다. 그녀는 그 분야 최고 권위의 국제비즈니스커뮤니케이터협회International Association of Business Communicator, IABC에까지 알려져, IABC에서 2013년 '올해의 커뮤니케이터'로 선정하기도 했다.

이렇게만 보면 블래젝은 마음씨 따뜻하고 사람들을 잘 도와주는 뛰어난 커뮤니케이터인 듯 보인다. 하지만 2014년 초, 블래젝은 자신이 쓴 형편없는 메일이 알려지면서 인터넷에서 공격을 받았다. 링크드인과 연결해달라는 어떤 이의 요구에 분노의 답장을 보낸 것이다.

"당신의 요구는 오직 당신에게만 유리한 부적절하고 어이없는 요청이네요. 와, 이제 스물여섯 살짜리 구직자들을 위해 내 최상급 마케팅 인맥을 이용하는 일 따위는 하지 말아야겠어요." 여기까지는 워밍업에 불과하다. 더 심한 말이 뒤를 이었다. "당신 세대의 권리 의식이란 게 대단하군요. 하지만 이제는 겸손함을 좀 배워야 하지 않겠어요? 당신만의 인적 네트워크를 구축하고 싶은 모양인데, 다시는 업계 선배들에게 연락해서 그들이 정성들여 정리한 인맥 리스트를 이용할 생각일랑 하지 말아요…… 그리고 다시는 나에게 편지 쓰지 마요."

이 분노의 거절 메일을 받은 사람은 클리블랜드로 이사 올 계획으로 블래젝의 야후 그룹을 구독하고 있던 다이애나 메코타였다. 당연히 메코타는 이 메일을 받고 굉장히 불쾌했다. 그녀는 이 메일을 트위터와 레딧닷컴에 공개했고, 순식간에 수만 명의 사람에게 퍼져나갔다. 사람들은 블래젝의 거만하고 무례한 태도를 집중 공격했고, 어떤 이들은 그녀의 편지를 사이버 폭력이라고 말했다. 그리고 그녀가 보낸 다른 편지들도 공개됐다. 어느 회사를 다니는지 말하지 않은 사람에게 보낸 답장 중에 이런 것도 있었다. "내가 독심술사라도 되는 줄 알아요?…… 자신이 하는 일을 나에게 맞춰보라고 하는 사람은 절대 사절입니다. 축하합니다. 그런 얼간이가 바로 당신이군요."

그리고 그녀의 태도에 대해 불만을 표한 지원자에게는 "내 말투가 싫으면 다른 잡 뱅크를 찾는 편이 좋겠군요. 그런데 어쩌죠? 아무 데도 없는데 말이죠. 좋은 하루 보내요"라고 답장했다.

사태가 커지자, 블래젝은 메코타에게 공개적으로 사과하고 그녀의 모든 소셜미디어 계정을 삭제했다. 그리고 2013년 올해의커뮤니케이터상도 IABC에 몰수됐다.

블래젝에게 일어난 일은 자연스럽게 재키의 오류기 도넛 사건이 비교가 된다. 소셜미디어의 권력이 거대해진 지금, 거절할 때의 무례한 언동으로 블래젝은 자신의 평판을 잃고 수년간 자발적으로 한 호의마저도 비난받게 됐다. 반면 내 요청에 대한 재키의 친절함은 전 세계에 그녀가 얼마나 좋은 사람인지 알리며 정반대의 결과를 가져왔다.

물론 긍정적인 상호 작용과 부정적인 작용이 언제나 극적으로 대비되는 것은 아니다. 때로는 미소만으로 구별되기도 한다. 거절당하기 도전으로 서점에 가서 책을 사지 않고 빌려 볼 수 있는지 점원 두 사람에게 물었다. 둘 다 안 된다고 하며 명확한 이유를 설명했다. 하지만 한 명은 퉁명스러운 표정으로 짜증내며 "당신에게 이 이상 뭘 더 말해야 할지 모르겠군요"라고 했다. 반면에 다른 쪽은 미소 지으며 말했다. 다음에 가게에 가서 뭔가 물을 일이 있다면, 나는 반드시 미소 짓는 사람을 찾아갈 것이다.

인내와 존중을 담아 거절하면, 거절의 충격이 완화되고 때로는 상대에게 존경과 이해를 받기도 한다. 비난은 그 반대다. 상대에게 불필요한 상처를 남기며, 때로는 당신 자신이 비이성적인 복수의 대상이 된다. 켈리 블래젝처럼 말이다.

<mark>거절할 때는 친절하게 하라.</mark> 바로 이 이야기의 교훈이다.

단도직입적으로 말하라

정중함 외에 조던에게 인상 깊었던 점은 바로 단순 명쾌함이었다. 내가 블로그 운영에 관심이 있냐고 묻자, 그는 관심 없다고 명확히 말했다. 거짓 관심 따위는 보이지 않았다. 그렇기 때문에 나는 그와 그의 거절을 존중하게 됐다.

나라고 언제나 이렇게 접근하는 것은 아니다. 다른 이를 거절해야 할 경우, 대부분 미적거리며 차일피일 미루곤 했다. 그리고 대부분 역효과를 낳았다. 많은 이들이 나처럼 돌려서 말하거나 사탕발림으로 거절하곤 한다. 이런 사람들은 '큰 그림파'와 '그래요, 하지만파'로 나뉜다.

먼저, 큰 그림파는 거절 의사를 전하기 전에 그 이유를 장황하게 늘어놓는다. 주로 기업들이 이렇게 한다.

2014년 7월, 마이크로소프트는 노키아 핸드폰 부문에서 1만 2,500명을 해고하기로 했다. 직원들에게 이 소식을 전하기 위해 총책임자였던 스티본 엘롭은 직원들에게 1,100단어의 긴 메일을 보냈다.

엘롭의 메일은 "사우 여러분 안녕하세요"라며 가벼운 인사로 시작한 뒤, 열 문단에 걸쳐 마이크로소프트의 새로운 전략, 계획, 목표, 그 제품의 상징성, 시장의 변화와 이에 따른 구조조정의 필요성을 설명했다.

그리고 마침내 나쁜 소식을 전했다.

"이에 따라 내년까지 공장과 전문직에서 약 1만 2,500명을 감원할 예정입니다. 이는 여러분 모두 받아들이기 힘든 결정일 것입니다. 그래서 떠나는 직원들의 지원책으로 퇴직 수당을 지급할 계획입니다."

엘롭은 해고자들의 분노를 누그러뜨리겠다는 선의가 있었겠지만, 결과적으로 회사가 보내는 최악의 거절 편지가 되고 말았다. 고위 임원으로 성공 가도를 달려온 엘롭은 해고를 직접적으로 전달하기 어려웠을 것이다. 그래서 직원들이 나쁜 소식을 읽을 때쯤이면 분노가 잦아들기를 바라는 마음으로 그 소식을 전할 이유와 논리를 공들여 썼으리라.

엘롭은 대량 해고에 따른 분노를 누그러뜨리려 했지만 목적 달성을 하지 못했다. 해고된 직원들은 엘롭의 메일에 마음이 움직이기보다는, 강경 시위에 나섰기 때문이다.

해고는 언제나 일어나는 일이다. 하지만 엘롭의 접근 방식은 언론의 뭇매를 맞았다. 언론은 "마이크로소프트가 형편없는 메일 한 통으로 수천 명을 해고하다"와 "1만 2,500명을 자르지 않는 법 : 마이크로소프트 스티븐 엘롭에게 얻은 교훈" 등의 제목으로 기사를 썼다.

단순 명쾌하지 않은 거절의 두 번째 방식은 훨씬 큰 좌절감을 안겨준다. '그래요, 하지만' 식 화법은 거절하는 사람이 구두로 요청을 인정 혹은 승인해놓고는, '하지만'이나 '유감스럽게도'라는 단어를 사용해 거절하는 것이다.

"추가 수수료 발생으로 인해 고객님께서 실망하셔서, 이를 면제받고자 하심을 양지하고 있습니다. 저희는 고객님의 사업을 평가해 최선의 서비스를 제공해 드리고자 했습니다. 하지만 불행히도 이번에는 고객님의 요청을 들어드릴 수 없게 됐습니다." 이런 답변을 받으면 어떤 고객이 상담 센터에 전화하지 않고 배길 수 있겠는가.

이 화법은 예의 바르고 상대의 근심과 좌절감을 인정하는 듯 보인다. 그러나 '하지만'이라는 단어, 특히 '유감스럽게도'라는 단어는 거절하는 이의 선의를 반감시킨다. 고객 중심 정책으로 유명한 애플은 '유감스럽게도'라는 단어가 고객 서비스에 해롭다고 여겨, 직원들에게 고객과 이야기할 때 이 표현을 금하고 있다.

조직 컨설턴트인 벤 E. 벤저민(놀랍게도 진짜 이름이다)은 자신의 저서 《대화법 바꾸기》에서 '그래요, 하지만' 화법의 위험성에 대해 다루었다. 이런 화법은 명확하지 않고 메시지의 의미가 혼동하기 십상일뿐더러 거절당하는 쪽이 의미를 제대로 납득하지 못하고 방어적으로 받아들일 수 있다고 주장한다.

마지막으로, 거절하는 쪽이 "네, 이러이러한 것도 사실이죠.", "그래요,

그 부분은 이해합니다"라거나 "그래요, 말씀하신 부분에 대해서 잘 압니다" 같은 말로 시작하면, 거절당하는 쪽은 "하지만"이나 "유감스럽게도"가 뒤이어 나오리라고 마음의 준비를 하게 된다. 그러면 거절당하는 쪽은 고통스러운 거절이 뒤따르리라 예상하며 이에 맞는 대답을 준비하느라 거절하는 쪽의 말에는 귀 기울이지 않게 된다.

<mark>거절할 때는 나쁜 소식을 단도직입적으로 전하라.</mark> 이유는 그다음에 덧붙이면 된다. 상대가 원한다면 말이다. 거절당하는 걸 좋아하는 사람은 아무도 없다. 하지만 무엇보다 구구절절한 설명과 '그래요, 하지만' 화법은 피하라. 이런 화법을 사용한다고 해서 분노를 누그러뜨리지 못한다. 오히려 반대의 경우가 더 많다.

코스트코에서 구내방송하기

가족들과 쇼핑을 하고 있을 때였다. 갑자기 구내방송이 들렸다. "안내 말씀 드리겠습니다. 5분 후면 매장 영업이 종료되오니, 아직 계산하지 못하신 고객께서는 카운터로 오셔서 계산을 서둘러주시기 바랍니다." 한창 거절당할 기회만을 찾고 있을 때라, 이 방송을 듣자마자 도전 아이디어가 떠올랐다.

다음 날 매장에 찾아가서 직원에게 구내방송을 하고 싶다고 말했다. 직원은 지점장에게 알아보라며 로버트라는 중년 남자에게 안내해줬다. 내가 코스트코의 뛰어난 서비스를 공개적으로 칭찬하는 구내방송을 하고 싶다고 하자, 그는 내 말이 진심인지 알고 싶은 듯 나를 빤히 쳐다보았다.

"죄송합니다만 그렇게 해 드릴 수 없습니다. 규정상 불가능합니다." 그가 대답했다.

나는 그에게 회원카드를 보여주며 말했다. "저는 여기서 수천 달러를 쓰는 우수 고객입니다. 절대로 당신을 곤란하게 하지 않겠습니다. 당신이 승낙하기만 하면, 여기 있는 모두가 즐거워질 거랍니다." 다소 억지인 설득이 이어졌지만, 그는 묵묵히 듣기만 했다. 마치 그가 사라져 없어진 것 같았다.

그는 나를 쳐다보며 고개를 가로저었다. "진심으로 그렇게 해 드리고 싶습니다. 하지만 유감스럽게도 그렇게 해 드릴 수 없습니다."

그리고 로버트는 자리를 뜨는 대신, "배고프지 않으세요?"라고 물었다.

이제 당황스러워진 건 내 쪽이었다. 나는 무슨 말을 해야 할지 모른 채 멍하니 서있었다.

"이쪽으로 오세요. 제가 당신과 당신 가족에게 저녁 식사를 대접하겠습니다." 그가 말했다.

그리고 나와 함께 푸드코트에 가서는 "이분이 주문하는 대로 다 드리세요"라고 직원에게 말했다. 그리고는 고객 만족을 위한 서비스라고 덧붙였다.

내가 피자와 핫도그를 주문하자, 로버트는 입소문 마케팅이 최고의 광고라는 사실을 잘 알고 있기에 진심으로 내 제안을 승낙하고 싶지만, 회사 규정상 고객이 구내방송을 할 수 없으니 내 이야기를 회원용 잡지에 실으면 어떻겠냐고 했다.

나는 이 이야기를 잡지에 싣기보다는 내 블로그에 올리기로 했다. 하지만 내 제안에 대안을 제시한 로버트의 노력이 고마웠다. 내 블로그에 코스트코 동영상을 올리고 몇 주 후, 코스트코에 다시 찾아갔다. 로버트는 나를 알아보고 다가와 악수를 청했다. 상당수의 고객들이 블로그의 영상을 보고는 그에게 다가와 인사를 건넸다고 했다. 내 블로그 글로 그가 감사 인사를 받다니 기분이 좋았다. 그는 그럴만한 자격이 있는 사람이니까.

나는 코스트코에서의 도전으로 배도 채우고, 훌륭한 거절 방법도 배웠다. 바로 대안을 제시하는 것이다. 로버트는 간단히 안 된다고 할 수 있었지만 그는 인내심 있고 정중한 태도로 거절의 실제 이유를 설명했다. 그리고 그는 "유감스럽게도"라는 말에 뒤이어 나에게 호의를 보였다. 그는 내가 바라지도 않았던 공짜 저녁을 제안했다. 이런 대접을 받고도 로버트와 코스트코를 좋아하지 않을 도리가 있겠는가?

조던 역시 대안으로 자신의 친구가 운영하는 피트니스센터를 소개했다. 자신의 정원에 장미 묘목을 심게 할 수 없다는 잿빛 머리의 남자도 내 제안을 받아들일만한 사람을 알려줬다.

이 사례들에는 굉장히 중요한 공통점이 있다. 각각의 경우, 나를 거절한 사람은 나라는 인간이 아닌 내가 하는 부탁을 거절한다는 점을 명확히 밝혔다. 일단 거절당하면, 이 두 가지를 따로 떼어 생각하기가 어렵다. 사실 사람들이 거절을 싫어하는 이유는 마음속에서 거절과 자기 자신을 구별하기가 쉽지 않기 때문이다. 이 두 가지를 분리해서 그 사람을 거절하는 것으로 받아들이지 않도록 의식적으로 생각하고 행동해야 한다.

거절할 때 대안을 제시하는 것은 거절하는 사람이 거절당하는 사람을 대신해서 이런 일을 해 주는 셈이다. 거절하는 사람이 "미안해요, 당신이 원하는 걸 들어줄 수 없네요. 하지만 당신을 믿지 못하거나 좋아하지 않기 때문은 아니에요"라는 메시지를 전하는 것이다.

당신이 누구인지, 대답의 내용이 무엇인지와 상관없이 거절은 거절당하는 쪽에게는 얼마든지 개인적인 상처로 남을 수 있다. 그래서 뭔가를 거절할 때는 구체적으로 대답해야 한다. **당신이 거절하는 것이 무엇인지 상대가 정확히 알 수 있도록 그 이유를 정직하게 말해야 한다.** 이렇게 한다면 모든 이들이 시간 낭비와 갈등, 절망에서 구원받을 수 있다.

1 **인내와 존중하는 마음을 가져라** : 거절은 받아들이기 힘든 메시지다. 적절한 태도로 자신의 뜻을 말한다면 분노를 완화할 수 있다. 절대 거절당하는 이를 과소평가하지 마라.

2 **단도직입적으로 말하라** : 먼저 거절 의사를 밝힌 뒤 그 이유를 설명하라. 장황하고 난해하게 돌려 말하지 마라.

3 **대안을 제시하라** : 대안을 제시한다면, 비록 거절하더라도 상대방을 내 편으로 만들 수 있다.

내가 가장 좋아하는 시인은 육유^{陸游}(1125~1210, 중국 남송의 대표적 시인. 북방의 금^金을 치고 영토를 회복하자는 주전론을 주장했다. 하지만 북벌론이 힘을 잃고 주화파가 득세하면서 낙향하여 향리로 지냈다. 그러면서 시작에 몰두하였고 50여 년간 1만 수에 달하는 시를 남겼다. ─ 옮긴이)다. 1125년 중국에서 태어난 그는 열두 살에 시를 짓기 시작한 천재 시인이었다. 29세에는 3년마다 열리는 과거 시험에서 장원 급제를 차지했다. 고대 중국에서 과거는 굉장히 중요한 행사였다. 장원 급제자는 황제의 총애를 받는 정부 관료가 된다. 과거 급제는 자신과 가족들의 운명을 바꿀 수 있는 기회였다.

장원을 차지한 육유에게는 부와 권력, 명예로 가득 찬 미래가 펼쳐질 것만 같았다. 하지만 문제가 생겼다. 과거 시험에서 육유가 중국 역사상 가장 악명 높은 간신인 진회^{秦檜}(1090~1155, 남송의 정치가. 남침을 거듭하는 금과 화친을 맺어, 중국을 남북으로 나누어 영유하고 금에게 신하의 예를 취했다. 정권 유지를 위해 항전론자인 악비 장군을 죽이고 문자의 옥을 일으켜 반대파를

억압해 후세에 비난받으며 간신이라는 낙인이 찍혔다. — 옮긴이)의 손자보다 좋은 성적을 거둔 것이다. 진회는 감히 사랑하는 손자보다 성적이 좋은 자가 있다는 사실에 분노해, 최종 명단에서 육유를 제명했다.

진회가 그의 출사를 막았지만, 육유는 수년간 자신의 우국충정을 담은 시를 지었다. 그의 작품은 황제의 관심을 끌 정도로 유명해졌다. 육유의 시에 감복한 황제는 그가 그토록 열망하던 관직을 제수했다.

이야기는 여기서 끝나지 않는다. 얼마 지나지 않아, 그의 천재성이 다시 한 번 문제가 되며 운명이 바뀐다. 부패에 대한 불관용과 외교적 강경책을 주장하면서 기존의 관료들과 마찰을 빚은 것이다. 관료들은 육유를 배척하며 그에 대한 헛소문을 퍼뜨렸다. 결국 황제의 미움을 사, 관직에서 물러난다.

육유는 좌절한 채 낙향하여 붓을 들었다. 애국심과 당대에 거부당한 통한의 감정을 노래한 그의 작품들은 중국 문학 사상 가장 뛰어난 작품으로 남았다. 내가 그의 시에 매료된 것은 거절당한 고통 속에서도 희망을 찾아내는 아름다운 태도였다.

2010년 5월 22일 힐러리 클린턴 당시 미국 국무장관이 상하이엑스포 미국관에서 인용하기도 했던 "산도 물도 다해 길이 없을까 했더니, 버드나무 우거지고 꽃이 핀 곳에 마을 하나 나타났네山重水複疑無路 柳暗花明又一村 (《산서촌에서 노닐다遊山西村》의 한 구절. — 옮긴이)"라는 구절이 100일간의 도전 중 떠올랐다. 육유 자신의 굴곡진 인생 역정을 고스란히 드러난다.

프리드리히 니체는 "우리를 죽이지 못하는 것은 우리를 강하게 만든다"라는 명언을 남겼다. 이 잠언은 거절에도 적용된다. 누구나 살면서 셀 수 없이 많은 거절을 당하지만, 인생에 위협이 되거나 인생을 통째로 바꾸는 것은 거의 없다. 하지만 이를 통해 성장하고 우리를 막는 두려움과 불안함을 극복하면 자신의 잠재력을 온전히 발휘하게 된다. 내 도전의 교훈은 거절에도 긍정적인 면이 있다는 사실이다. 우리가 찾으려고만 한다면.

동기 부여

거절의 가장 큰 장점은 동기 부여가 된다는 것이다. 나는 어린 나이에 이런 경험을 했다.

내가 누군가로부터 거절을 당하고 처음으로 큰 상처를 받은 것은 초등학생 때였다. 당시 담임 선생님은 학생들을 사랑하고 정성껏 보살펴주시는 분이었다. 어느 날 선생님은 우리를 위해 성대한 파티를 준비하셨다. 우리 40명에게 나눠주실 선물을 사오셔서 꼼꼼히 포장을 한 뒤 교실 앞에 놓아두셨다. 그리고는 우리 모두를 교실 앞에 나와 서게 하고, 한 사람씩 다른 친구를 칭찬하게 하셨다. 칭찬을 받은 친구는 선물을 받고 자신의 자리로 돌아가 앉았다. 굉장히 사려 깊은 아이디어였다. 상황이 나빠지리라고 누가 생각이라도 했겠는가?

다 같이 무리지어 서서, 나는 칭찬을 받은 뒤 선물을 받는 친구들에게 진심 어린 환호를 보냈다. 남아있는 친구들은 점점 줄어가는데, 나는 여전히 앞에 서 있었다. 내 환호성은 점점 심드렁해졌고, 즐거움은 결국 걱정으로 바뀌었다. 어째서 손을 들어 나에 대해 좋은 말을 해주는 사람이 아무도 없지?

앞에 남아있는 아이들은 거의 없어지자, 이제 내 걱정은 두려움으로 바뀌었다. 남아있는 학생은 단 세 명, 아무도 좋아하지 않는 인기 없는 아이들 둘과 나뿐이었다. 다른 아이들은 모두 반짝이는 종이로 포장된 선물을 들고 자리에 돌아가 앉아있었다. 앞에는 우리 셋뿐이었고, 아무도 우리를 위해 손을 들어주지 않았다.

선생님은 칭찬할 사람이 없는지 계속해서 물었다. 나중에는 애원하다시피 했지만 아이들은 우리를 칭찬은커녕 아무 말도 하지 않았다. 그제야 선생님은 단두대처럼 느껴졌던 그 자리에서 우리를 내려오게 했다. 눈물을 흘리며 이대로 있느니 죽는 게 낫다는 생각까지 들었다. 그때까지 나는 내가 인기 없다는 사실을 알지 못했다. 내 옆의 아이들을 보고서야 비로소 깨달았다.

선생님은 자비롭게 이 무시무시한 쇼를 끝내며, 우리에게 선물을 골라 자리에 앉으라고 하셨다. 선생님이 배려심과 온화한 마음으로 준비한, 사기를 북돋우려는 수업이 순식간에 세 아이들에게 공개적으로 악평을 쏟아부은 시간으로 변해버렸다. 그때 선생님이 감당했을 참담한 마음을 상상하기에 나는 너무 어렸다. 지금 생각하면 그 당시의 나보다 오히려 선생님이 더 안쓰럽게 느껴진다. 분명 선생님은 그녀의 행동으로 벌어진, 미처 생각지도 못한 일을 가슴 아파했을 것이다.

이런 굴욕감은 어떤 식으로든 암울하게 기억된다. 특히 나처럼 어릴 때 겪었다면 더욱 그렇다. 그때의 경험은 나에게 부정적인 영향을 줬을 수도 있다. 나는 다시는 거절당하는 상처를 입지 않으리라고 생각하면서 다른 사람들의 호감과 관심을 사려 했을 수도 있다. 아니면 정반대로 세상 모든 사람들을 증오했을 수도 있다. 그러다 쓸쓸한 외톨이가 되어 비극적인 뉴스에 나왔을 수도 있다.

다행히 나는 다른 길을 선택했다. 내가 다른 아이들과 다르다는 사실에서 굴욕을 느끼기보다는, 모든 걸 포용했다. 친구들이 아무도 나를 옹호해주지 않아도 그리 복수심에 불타지는 않았다. 나에 대해 잘못 알고 있다는 사실을 모두에게 증명하고 진정한 내 모습을 보여주고 싶었다.

이상하게도 그때의 일로, 내가 특별한 사람이라는 생각을 하게 됐다. 나는 아주 어릴 적부터 내가 다른 사람과 다르다고 생각했다. 다른 사람과 같아지고 싶지도 않았다. 나만의 길을 찾고 싶었다. 정해진 틀에 맞춰 살지 않은 토머스 에디슨, 빌 게이츠 같은 선구자들에 매료됐던 이유이기도 하다. 또 미국에 오고, 이곳에서 대학에 진학하고, 블로그를 통해 성공을 거두는 등 오랫동안 초등학교 6학년 친구들과 다른 길을 걷는 지금, 당시를 떠올려보면 그때의 거절이 고맙기만 하다.

그날의 경험에서 나는 중요한 사실을 깨달았다. 그 일이 있고 한참 후, 거절당하기 도전을 시작한 후이지만 말이다. 거절은 정의하기 나름이다. 그 의미는 본인이 정하는 것이다. 거절은 자신이 어떤 방향을 선택하느냐에 따라 긍정적일 수도, 부정적일 수도 있다.

거절을 긍정적으로 받아들이는 데 능숙한 사람들이 있다. 거절의 고통이 상당히 쓰라린데도 그들은 거절이 자신들을 강하게 하고 동기 부여가 된다고 생각한다. 마이클 조던을 보라.

시상식에서 수상 연설을 할 때면 가족과 친구들에게 감사와 진심을 전하는 경우가 대부분이다. 이런 연설은 감동적이긴 하지만 다소 지루하다. 하지만 2009년 마이클 조던이 한 농구 명예의 전당 입회식 연설만큼은 전혀 지루하지 않았다. 그의 연설은 지금껏 내가 들어본 연설과는 전혀 달랐다.

23분에 걸쳐 조던은 고등학생 때 대표팀에서 탈락한 일부터 자신의 룸메이트에게 '올해의 캐롤라이나 선수' 타이틀을 빼앗긴 일, 상대팀 감독이 자신의 동료 선수들에게 그와 어울리지 말라고 한 일, 그가 매직 존슨이나 래리 버드보다 재능이 없다고 혹평했던 비판론자들까지 자신이 지금껏 겪어온 거절을 순서대로 언급하며 이런 경험이 얼마나 자극이 됐는지 설명했다. 조던의 연설은 지금껏 정교하게 만들어진 대외용 이미지에 가려졌던 그의 본모습을 드러내며, 그가 은퇴할 때까지 어떻게 거절을 동기 부여로 삼아왔는지 보여줬다.

조던은 연설에서 이렇게 말했다. "거절당할 때마다 내 안에서 타오르고 있는 불길에 연료를 더 집어넣으며, 매일 더 나은 농구 선수가 되기 위해 노력했습니다. …… 나처럼 많은 것을 이루어낸 사람은 그 어떤 메시지에서도, 다른 사람들의 모든 말과 행동에서 최고의 경기를 할 동기를 찾아야 합니다. 최고의 순간은 최선을 다했을 때 오기 때문입니다."

이런 사람은 마이클 조던뿐만이 아니다. 얼마나 많은 이들이 거절을 연료로 삼아 성공을 거두었는지 알아보면 놀라움은 배가될 것이다.

- 쿼터백 톰 브래디는 2000년 NFL 드래프트에서 뉴잉글랜드패트리어츠에 지명되기까지 198번 거절당했다. 그때 그는 낙담의 눈물을 흘렸다. 하지만 그 후 브래디는 세계 최고의 쿼터백으로 자리매김하며, 세 번의 슈퍼볼 우승을 차지하고 현재도 우승을 목전에 두고 있다. 그는 드래프트에서 선택받지 못했던 경험이 자신을 거절한 팀들에게 자신의 가치를 입증하겠다는 동기 부여가 됐다고 말한다.

- 애플의 창립자 스티브 잡스는 친부모에게 버림받은 입양아였다. 그의 전기를 쓴 작가 월터 아이작슨에 따르면, 잡스는 자신이 입양아라는 사실을 알게 된 뒤 극심한 충격을 받았다. "머릿속에서 번개가 쳤어요. 나는 집으로 달려갔지요. 엉엉 울면서요." 잡스는 당

시의 기분을 이렇게 말했다. 하지만 그의 부모가 그는 특별히 선택된 아이라고 확신을 줬고, 그는 "나는 버림받은 아이가 아니다. 나는 선택받은 사람이다. 특별한 사람이다"라는 사실을 깨달았다. 이처럼 관점의 변화는 전례 없는 창조성의 원동력이 됐다.

- 2000년 대통령 선거에서 조지 W. 부시에게 근소한 표차로 패배한 뒤, 앨 고어 전前 부통령은 기후 변화로 관심 분야를 전환했다. 기후 변화 문제를 다룬 그의 다큐멘터리 〈불편한 진실〉은 엄청난 반향을 일으키며 아카데미상을 수상하고 기후 문제에 대한 담론을 바꿔놨다. 고어는 대통령 선거에서 패배한 일을 두고 "철퇴 맞은 기분"이었다고 하면서 "덕분에 기후 변화 문제에 집중하게 됐다"라고 했다.

- 제작자 제프리 캐천버그는 오랜 상사인 마이클 아이스너와의 불화로 디즈니에서 밀려났다. 캐천버그는 이때의 일을 뉴욕타임스와의 인터뷰에서 이렇게 설명했다. "당시 온갖 감정이 스치더군요. 복수심에 불타다 마음의 위안을 얻었다 다시 슬퍼지기를 반복했습니다." 하지만 캐천버그는 거절을 자신의 제작사 드림웍스를 세우는 동기로 삼았고, 2010년까지 디즈니의 픽사보다 높은 수입을 올렸다. 소문에 따르면 캐천버그는 아이스너를 모델로 애니메

이선 〈슈렉〉의 악당 두목 파쿼드 경을 만들었다고 한다.

물론 큰 성공을 이룬 사람들이 거절의 아픔만을 원동력으로 삼은 것은 아니다. 재능을 유지하는 데는 "게임에 대한 사랑"이나 "이 세상에 흔적을 남기고 싶다"와 같은 욕망도 필요하다. 하지만 이들이 거절당한 뒤 자신감을 잃고, 거절을 극복의 대상이 아니라 앞길을 막는 장애물로 여겼다면 어떻게 됐을지 생각해보라. 마이클 조던이 연설에서 말했듯, 이들은 모두 거절을 연료로 삼았다. 이를 발판으로 이미 끓고 있던 야망의 불길이 크게 타오르게 된 것이다.

길거리에서 모금하기

나에게 가장 힘든 도전은 공개된 장소에서 하는 것이었다. 한 사람이 아닌 수십, 수백 명에게 거절당하거나 혹은 더 나빠질 수 있다는 두려움 때문이다. 라스베이거스로 가는 사우스웨스트항공사의 비행기에서 기내 방송 도전을 할 때 두드러기가 날뻔했던 것도 바로 그 이유에서였다. 초등학생 때 거절당한 경험이 그토록 오랫동안 마음에 남은 것도 마찬가지다.

스스로 거절당하기 도전 과제를 생각하는 것의 장점은 거절의 공포가 엄습하는 지점을 정확히 안다는 것이다. 내 경우는 돈을 구걸하는 팻말을 들고 번잡한 오스틴 교차로에 서있는 것이 가장 두려운 도전이었다.

나는 거의 매일 구걸하는 사람들을 지나친다. 하지만 그들의 입장이 어떨지 상상조차 할 수 없었다. 손가락질을 당하고 거절당하는 두려움을 압도할 정도로 돈이 필요한 걸까? 시간이 지나 경험이 쌓이면 두려움과 창피함도 덜하게 될까? 아니면 그들은 거절을 다른 식으로 받아들이는 걸까?

도전이라고 해놓고 비겁하게 골목 한구석에서 구걸하고 싶지 않았다. 그래서 도로 바로 옆에 서서 지역 푸드뱅크에 기부할 성금을 모금하기로 했다.

부동산은 첫째도, 둘째도, 셋째도 위치가 중요하다고들 말한다. 모금 활동 역시 같은 법칙을 따른다. 나는 구글 맵을 이용해 주변을 살피고 오스틴의 중심 도로로 이어지는 번잡한 교차로를 골랐다. 그곳에 서서 그들이 매일 바라보던 시선으로 세상을 바라보았다. 빨간불에 멈춘 차들은 창 너머로 나를 보며 멋대로 판단을 하고는 눈을 마주치지 않으려 고개를 숙였다. 이것은 고요한 거절이었다. 이상하게도 초등학생 시절의 아픈 기억이 떠올랐다.

사람들의 주목을 끌고 싶다는 생각과 피하고 싶다는 생각이 뒤섞여 머릿속이 혼란스러웠다. 굉장히 고통스러웠다. 이런 기분을 극복하기 위해 혼잣말도 하고, 미소도 지어보고, 내가 모은 기금으로 굶주린 사람에게 무엇을 해줄 수 있을지 상상하는 등 온갖 대처 방법을 동원했다.

팻말에 "모금액은 모두 자선 활동에 쓰입니다! 감사합니다"라고 썼다. 나는 이 문구가 단순하고 핵심이 명확하다고 생각했다. 하지만 15분 동안 차량 48대가 오갔지만 아무도 창밖으로 고개를 내밀어 관심을 보이지 않았다. "광고가 실패하면 고객 탓을 하지 말고 메시지를 탓하라"라는 오랜 격언이 떠올랐다.

그제야 팻말의 메시지가 모호하다는 생각이 들어, 보다 구체적이고 신뢰를 주는 문구로 바꿨다.

새 문구는 이것이었다. "모금액은 모두 오스틴푸드뱅크에 보냅니다! 감사합니다." 그 즉시 성과가 나타났다. 리사라는 여성이 창을 내리더니 함박 미소를 지으며 "축복받으세요"라고 말하고 2달러를 건넸다. 로리라는 운전자는 7달러를 줬다. 그날 하루 모금액 중 최고액이었다. 팻말을 들고 있는 15분 동안 총 43명의 운전자가 팻말을 든 나를 보았지만, 리사와 로리 단 둘만 기부했다.

글귀를 다시 바꿨다. 이번에는 모금한 돈을 내가 갖는 게 아니라, 좋은 일에 쓰인다는 걸 강조했다. 세 번째 글귀는 다음과 같다. "제가 갖지 않습니다! 모금액은 모두 오스틴푸드뱅크에 보냅니다! 감사합니다."

제시카와 존이라는 운전자 두 명이 동전 한 줌을 줬고, 어떤 여성이 멈추지 않고 돈을 던지고 가는 바람에 돈을 줍느라 애먹기도 했다. 린지라는 운전자는 멈추더니 팻말을 세로 방향이 아닌, 가로 방향으로 들고 있어야 사람들의 눈에 더 잘 띌 것이라고 조언했다. 그녀는 돈을 기부하지는 않았지만, 컨설팅 비용을 청구하지도 않았으니 뭔가를 준 셈이다. 어떤 운전자는 자신이야말로 도움이 필요한 사람이라며, 푸드뱅크로 가는 길을 물었다. 도움이 필요한 사람에게 도움을 베풀고 나니 기분이 좋았다. 세 번째 팻말을 들고 있던 15분 동안, 66명의 운전자들이 지나갔고 그중 세 명이 총 6.73달러를 기부했다.

다시 한 번 글귀를 바꿨다. 이번에는 유머를 곁들이기로 했다. 새 문구는 다음과 같다. "여기는 구글에서 추천한 곳입니다. 모금액은 모두 오스틴푸드뱅크에 보냅니다! 감사합니다!"

구글 맵에서 구걸하기에 적합한 곳을 찾았다는 사실에 착안한 아이디어였다. 하지만 마지막 문구는 아는 사람들끼리나 통하는 농담이었을 뿐, 다른 사람들에게는 이이없는 문구에 불과했다. 때문에 미지막 15분 동안 38대가 지나갔지만 땡전 한 푼 받지 못했다. 유머를 담겠다는 잘못된 시도와 형편없는 문구가 부작용을 낳은 것이다.

그래도 최종 결산을 해보니, 제법 생산적인 시간이었다. 총 195대 차량과 마주했고 그중 다섯 대에서 총 15.73달러를 모금했다. 모금한 돈은 기쁜 마음으로 오스틴푸드뱅크에 기부했다.

이 도전에서 바람직한 메시지의 중요성과(구체적인 메시지의 장점은 물론) 관심을 끄는 요소가 무엇인지 알았고, 부적절한 유머로 사람들을 당혹스럽게 하지 말라는 뼈아픈 교훈을 얻었다. 무엇보다 큰 교훈은 거절을 깨달음을 얻고 개선시키는 도구로 삼는 법이었다. 처음 15분 도전 후, 의

기소침해진 기분에만 매달려 쉽게 포기하는 대신, 나는 이 경험을 피드백이라 여기고 전략을 수정했다.

고객들의 피드백을 수용해 제품 생산을 조절하고 성능을 개선하는 것은 이미 비즈니스의 표준 절차다. 기업은 고객들이 제품을 이용하거나 특정 상황에서 행동하는 방식을 측정하여 그 피드백에 따라 제품이나 전체 비즈니스의 방향을 바꾸기도 한다.

하지만 거절에 대해서는 이렇게 신속히 반응하지 않는다. ==자신의 무너진 기대와 감정에 휩싸여, 거절하는 이의 피드백을 이용하지 못한다.== 6장에서 거절의 이유를 묻고 이해하는 것의 중요성에 대해 말했다. 피드백을 이용하는 법을 모르겠다면, 상대가 거절하는 내용을 듣고 요청을 바꾸면서 접근하면 된다. 핵심은 자신의 감정에서 벗어나 오히려 대담하고 창의적인 실험에 참여하는 것처럼 요청 내용을 바꿔가는 것이다.

예를 들어, 일자리를 찾는 경우라고 가정해보자. 똑같은 이력서로 100곳에 지원했지만 매번 면접에서 떨어진다면, 당신이 그 업무에 적합한 능력을 갖추지 못했기 때문이라고 생각하며 기대치를 낮추는 대신, 이력서나 자기소개서를 새로 쓰거나 새로운 경로로 다시 접근하라. 회신율부터 변할 것이다.

거절당할 가치

'거절'이라고 하면 자동적으로 좌절, 고통의 근원, 극복의 대상 같은 것들이 떠오른다. 하지만 거절이 시대를 앞서 산 결과라는 사실은 미처 생각하지 못하는 것 같다.

역사적으로도 자신의 신념 때문에 거절당하거나 심지어 처형된 인물들이 시간이 지나며 혐의를 벗는 사례는 수없이 많다. 당대에는 이단으로 규정됐던 갈릴레이의 과학 이론부터 지금은 수백만 달러에 팔리지만 생전에 거의 알려지지 못했던 실패한 화가 빈센트 반 고흐, 대홍수를 대비해 방주를 만들어 비웃음을 샀던 성경 속 인물 노아까지. 우리는 여러 거절당한 사람들의 이야기를 들어왔다. 오늘날도 좋은 아이디어들은 역경에 맞닥뜨린다. 그 아이디어가 지극히 창의적일 때는 더욱더.

기업, 조직, 부모, 선생님, 사회 모두 고정 관념을 깬 창의성을 칭송한다. 하지만 창의성을 실제로 발휘하면 거절당하기 십상이다. 이런 아이디어들이 기존의 질서와 규칙을 어지럽히기 때문이다.

하버드대학교 교수 클레이턴 크리스텐슨은 경영서의 고전인 《혁신기업의 딜레마》에서 기업들이 종종 혁신에 실패하는 것은 지금 당장 이윤이 높은 프로젝트에 집중하며 내부의 혁신을 거절하기 때문이라고 주장했다. 그 때문에 상대도 안 되던 작은 스타트업 같은 외부의 혁신가들이 급부상한다.

펜실베이니아대학교의 심리학자 제니퍼 뮬러는 〈창의성에 반하는 창

의성 : 어째서 사람들은 창의적인 아이디어를 열망하면서도 거부하는 가〉라는 연구를 실시했다. 이 연구에 따르면, 사람들은 의식적으로는 창의적인 것을 좋아한다고 하면서도 무의식적으로는 경멸하거나 두려워한다. 창의성이란 불확실성을 동반하기 때문이다. 인간은 확실하고 예측 가능한 결과를 원한다. 전통과 보편적인 지혜를 고수하고자 한다. 역사상 세상을 바꾼 아이디어들이 처음에는 보편적으로 수용되지 못한 것도 인간의 이런 성향 때문이다.

지금까지의 도전을 돌이켜 봤다. 사업가라는 꿈을 이루겠다며 직장을 그만두고 성공하지 못했다. 그렇게 투자 유치를 거절당한 뒤 전대미문의 이상한 일을 시도하며, 퇴사 후 6개월간의 소중한 시간을 쪼개 내가 거절당하는 모습을 찍은 영상을 블로그에 올렸다. 내가 필요해서 시작한 일이니 다른 사람과 상의하지는 않았다. 나중에 친한 친구는 내가 블로그를 시작하기 전에 자신에게 말하지 않아서 참 다행이었다고 했다. 그랬더라면 온갖 방법을 동원해 "말도 안 되는 바보짓"을 뜯어말리려 했을 것이라고 했다.

조지 버나드 쇼는 "모든 위대한 진실은 신성 모독에서 시작한다"라는 유명한 말을 남겼고, 마하트마 간디도 "사람들은 먼저 당신을 무시하고, 그 뒤에는 비웃고, 그다음에는 당신과 싸울 것이다. 이 모두를 견디면 당신이 승리한다"라고 말했다.

모두가 의견 충돌 없이 당신의 아이디어나 제안을 수용한다면, 잠깐 멈춰서 이것이 당신만의 독특한 생각이 아닌 평범한 사고는 아닌지 생각해 보라. 그리고 당신의 아이디어가 "말도 안 되는 바보짓"이라고 생각한다면 당신이 뭔가를 이룰 가능성이 있다고 생각하라. ==당신이 어떤 아이디어를 두고 생각해야 하는 것은 '어떻게 하면 거절당하지 않을 것인가?'가 아니라 '내 아이디어가 거절당할 가치가 있나?'다.==

길거리에서 연설하기

대중 앞에서 연설하는 것은 죽음의 공포보다 더 두렵다고들 말한다. 나는 100일간의 도전으로 다양한 관중들에게 몇 번 연설한 덕분에 예전보다 대중 앞에서 연설하는 것이 덜 두려웠다. 나는 토니 셰이의 콘퍼런스와 텍사스대학교에서 내 이야기를 강연했다. 하지만 내 이야기를 듣기 위해 일부러 찾아온 관중 앞에서 하는 연설은 진짜 대중 연설이라고 보기 어렵다는 생각이 들었다. 그것은 안전하고 익숙하며 반응을 예측할 수 있는 환경에서 한 것이기 때문이다. 이처럼 갖춰진 환경에서 하는 것과 공개된 장소에서 불특정 다수를 대상으로 연설하는 것은 다른 문제다.

나는 다시 한 번 스스로를 밀어붙여 두려움을 극복할 수 있는지 보고 싶었다. 그래서 내가 확실히 두려워할 도전을 생각했다. 바로 거리에서 즉흥 연설을 하는 것이다. 트레이시가 길 건너편에서 나를 촬영하기로 했다. 사람들이 발길을 멈추고 내 이야기에 귀를 기울일지, 야유를 퍼부을지, 아니면 그저 미친 사람이라고 여길지 알 수 없었다.

죽을 만큼 두렵진 않았지만, 그에 가까운 기분이었다. 누군가 나에게 거절당하기 도전 중 가장 두려웠던 것을 꼽으라고 한다면, 나는 단연코 이 경험을 꼽을 것이다.

저녁 7시 20분, 번잡한 오스틴 거리에 의자를 놓고 주변에는 입간판 두 개를 세웠다. 하나에는 "7시 30분, 이야기를 들려드립니다. 관심 있는 분들은 오세요", 다른 하나에는 "괴짜들의 도시, 오스틴"라는 오스틴 사람들이 이 도시의 역동적이고 자유로운 문화를 자랑스레 여기며 외치는 슬로건을 썼다. 입간판은 일종의 신뢰를 얻기 위한 장치였다. 사람들에게 나 역시 그들처럼 괴짜 짓을 한다는 동질감을 불러일으키지 않을까 생각해서였다.

트레이시가 연설 처음부터 촬영했다. 기다리던 처음 10분간의 내 모습은 학교에서 가장 예쁜 여자아이에게 졸업 파티를 같이 가자고 요청하는 수줍음 많은 소년 같았다. 얼굴은 창백하고 입술은 떨렸다. 5분이 지나자, 사람들이 몰려들었다. 자전거를 타고 지나던 사람 하나는 멈춰 내 간판을 보더니 다시 페달을 밟았다. 주인과 산책 중이던 초콜릿색 래브라도레트리버가 간판의 냄새를 맡았지만, 주인이 목줄을 잡아당기는 바람에 지나갔다.

10분이 흘렀지만 아무도 내 앞에 멈춰 서지 않았다. 짐을 싸서 돌아갈 준비를 하려는 순간, 마음이 바뀌었다. 갈 데까지 가보자. 거절당하든 말든 연설을 하고 무슨 일이 벌어지는지 보자. 나는 길 건너편에서 침착하게, 내가 고뇌하는 모습을 찍는 트레이시를 보고 기다리라는 신호를 보냈다. 그리고는 일어섰다.

목을 가다듬고 이야기를 꺼냈다. "여러분, 안녕하세요. 이제부터 제 이야기를 들려드리려 합니다." 그리고 연설을 이어갔다. "어느 일요일이었습니다. 꽤 따뜻한 날이었지요. 집에 앉아있던 한 남자는……" 축구공을 들고 스콧의 집 현관문을 두드렸던 일을 이야기했다.

이야기를 이어가다보니, 속이 뒤틀리는 공포감은 사라지고 이상할 정도로 평온해지며 내 연설과 행동, 이어갈 이야기에 집중했다. 마치 전원 스위치가 켜진 것 같았다.

몇몇 사람들이 나를 보고 발걸음을 늦췄다. 아예 발걸음을 멈추고 그 자리에 서있는 사람도 있었다. 곧 관중이 여섯 명이 됐고, 일단 듣기 시작한 사람은 자리를 뜨지 않았.

어느덧 15분이 지나 내 이야기를 꺼냈다. 직장을 그만두고 창업했지만 투자자에게 거절당한 것을 계기로 거절당하기 도전을 시작해, 지금에 이르기까지의 여정을 들려줬다. 마지막으로 다른 강연에서도 즐겨 사용하며 내 전매특허가 된 문구로 마무리했다. "거절이란 닭고기와 같습니다. 당신이 어떻게 요리하느냐에 따라 맛있을 수도, 역겨울 수도 있습니다. 그렇기 때문에 거절의 공포가 우리를 무너뜨릴 수 없습니다."

연설을 마치자, 관중 여섯 명은 일제히 환호를 보냈다.

"멋진 이야기 잘 들었습니다! 고마워요!" 한 사람이 말했다.

"굉장해요! 당신과 어떻게 연락할 수 있죠?" 다른 사람이 물었다.

마음속이 자부심과 만족감으로 가득 찼다. 수많은 행인들이 외면했지만 나는 연설에 집중하며 어떻게든 연설을 이어갔다.

몇 주 후 훨씬 더 많은 관중 앞에서 연설할 일이 생겼을 때, 이날의 경험에 감사했다. 3,000여 명의 사업가, 블로거, 작가들이 오리건 주 포틀랜드의 아름다운 알렌슈니처콘서트홀에 가득 모였다. 전 세계 창의적이고 흥미로운 인물들의 모임으로 알려진 세계인재회의World Domination Summit의 세 번째 연례행사였다. 회의의 창립자이자 최고 운영자인 크리스 길아보는 사업가이자 블로거이며 뉴욕타임스 베스트셀러인 《100달러로 세상에 뛰어들어라》의 작가다. 그의 목표는 자신의 열정을 좇으면 꿈을 이룰 수 있다는 신념을 전 세계에 설파하는 것이다. 그는 크리스피크림도넛의 경험으로 얻은 교훈을 사람들에게 들려달라며 나를 오리건의 회의에 초대했다.

행사가 시작되기 전, 나는 강연자 명단을 보고는 절레절레 고개를 저었다. 명단에는 《무조건 행복할 것》의 저자 그레첸 루빈, 《재즈처럼 하나님은》의 저자 도널드 밀러, 《욕망 지도》의 저자 대니엘 러포트 등 베스트셀러 작가들의 이름이 가득했다. 게다가 믹서지Mixergy의 앤드루 워너와 굿라

이프 프로젝트Good Life Project의 조너선 필즈 같은 유명 사업가를 비롯해, 스피치 강사이자 영화 〈불편한 진실〉에서 앨 고어의 프레젠테이션을 기획한 낸시 두아티도 있었다. 그다음이 실패한 사업가에서 하루 종일 거절당할 궁리를 하는 블로거로 변신한 나였다. 긴장하는 게 당연하지 않은가!

강연을 앞두고 나는 숨을 깊이 들이마시며 무대 뒤를 왔다 갔다 했다. 다른 강연자들과 비교된다는 압박감이 상당했다. 이토록 많은 관중 앞에서 홀로 강연한 적도 없었다.

자원봉사자들이 긴장한 내 모습을 보고는 마음을 진정시키는 데 도움이 되는 스트레칭을 알려줬다. 잠시 후 무대 감독이 출연 5분 전이라고 말했다. 침을 꿀꺽 삼켰다. 마이크를 확인한 뒤, 장비 담당자는 내 어깨에 손을 얹으며 말했다. "잘해낼 겁니다. 당신은 거절당하기 전문가잖이요."

그의 말에 긴장이 풀리며 정신이 들었다. 그래, 맞아. 나는 거절당하기 전문가 아닌가! 다른 사람들이 거절을 피해 도망갈 때 나는 100번이나 거절당했어! 번잡한 오스틴 거리에서 관객 없이도 강연을 했는데, 강연을 듣기 위해 돈을 지불하고 온 호의적인 관중들을 두려워할 이유가 있나?

"1분 남았습니다!" 무대 감독이 소리쳤다.

이제 마음도 점점 진정됐다. 그리고 가벼운 미소도 지을 수 있었다. 상대에게 체크메이트를 외치기 직전에 하는듯한, 내 안의 두려움에게 보내는 미소였다. 나에게는 누구도 갖지 못한 무기, 거절당하는 두려움을 극복한 풍부한 경험이 있다!

이제 무대에 오를 시간이었다. "자, 갑시다!" 무대 감독이 소리쳤다. 병사들을 총알이 빗발치는 전쟁터에 내보내는 분대장 같았다.

무대에 오르자 스포트라이트가 비췄다. 3,000명의 관객들이 내 강연을 기다리고 있었다. 나는 속으로 다섯까지 세며, 아름다운 극장을 좌우로 훑어보았다. 관중은 보지 않았다. 대신 번잡한 오스틴 거리에서 관객 하나 없이 강연을 시작하던 때를 떠올렸다. 그러자 마음이 평온해졌다.

"따뜻한 11월의 어느 오후였습니다." 강연을 시작했다.

그리고 23분 30초 후, 나는 기립 박수를 받으며 무대에서 내려왔다. 하늘을 둥둥 떠다니는 기분이었다. 무대 뒤의 자원봉사자들과 포옹을 하고 하이파이브를 나누었다. 박수가 멈추지 않자, 크리스 길아보는 나를 다시 무대로 불러 인사를 전하게 했다. 기쁨과 감사함에 가슴이 벅차올랐다. 관객들에게는 그들의 지지와 격려에, 크리스에게는 초대해준 데 감사를 표했다. 마음속으로는 오스틴 거리에서 나를 지나쳐간 모든 사람들에게 감사했다. 그때의 경험이 나를 이토록 거칠 것 없이 강하게 만들었다.

거절을 긍정적인 결과로 바꾸는 데는 용기가 필요하다. 그러려면 거절을 마주하고 진짜 정체를 알아야 한다. 거절을 어떻게 보느냐에 따라 경험은 상처 혹은 도움이 된다. 이 차이를 만드는 것은 바로 태도다. 물론 거절은 고통스럽다. 당신이 거절을 장애물, 영혼의 파괴자, 혹은 그만두어야 할 이유로 여긴다면 그렇게 될 것이다. 하지만 뒤로 물러나 다른 시각으로 볼 용기를 낸다면, 놀라운 결과가 나타날 것이다. 거절이 부정적이기만 하지 않는다는 사실을 깨닫게 될 테니. 주의 깊게 살펴보면 버드나무가 우거진 자신만의 아름다운 마을을 찾을 수 있다.

  거절은 닭고기와 같다. 어떻게 요리하느냐에 따라 맛있을 수도, 역겨울 수도 있다.

교훈

1 **동기부여** : 거절은 성취욕에 불붙이는 가장 큰 동기가 된다.
2 **자기계발** : 거절을 아이디어나 제품을 개선시킬 효과적인 방법으로 이용하라.
3 **거절당할 가치** : 때로는 거절당해도 괜찮다. 특히 대중의 의견이 집단이나 관습적인 사고에 크게 영향받는 환경에서 아이디어가 굉장히 창의적이라면 더욱 그렇다.
4 **단단한 나 만들기** : 힘든 환경에서 거절을 당해보면, 더 큰 목표를 향해 달려갈 강한 정신을 얻을 수 있다.

거절당하기 도전은 그 결과가 생사를 가르진 않았다. 재키에게 특별한 도넛을 주문하거나 로버트에게 코스트코 구내방송을 요구했을 때도, 내 안에서 거절의 두려움에 맞서는 싸움이 있었을 뿐 위태로운 일은 없었다. 하지만 어떻게 하면 내 노력을 의미 있는 화두로 바꿀 수 있을까. 인생에 깊이 새겨진 이 경험들로 어떤 교훈을 얻을 수 있을까? 거절은 단순히 승낙과 거절의 문제가 아니다. 거절에 직면하는 것은 또 다른 문제다. 거절은 견뎌낼 중요한 이유가 있기 때문에 기꺼이 감내하는 것이다.

워싱턴D.C를 웃게 하라

거절당하기 도전 덕분에 흥미로운 도전을 하는 사람들을 많이 만났다. 마수드 아디푸르도 그런 사람이다. 그는 2005년 제임스매디슨대학교를 졸업하고, 워싱턴D.C의 컨설팅 회사에 취직했다.

높은 연봉을 받았지만, 아디푸르는 울적했다. 창의성을 발휘할 일이 없는 회사에서 일하는 내내 자신이 숫자에 불과하다는 느낌이 들었다. 결국 그는 직장을 그만두고 세계 여행을 떠났다. 태국과 캄보디아처럼 머나먼 나라를 여행한 뒤 보다 행복한 마음으로 워싱턴D.C에 돌아와 자신의 삶을 단순하게 꾸릴 작정이었다. 그리고 음악에 열정을 쏟아왔던 그는 콘서트 프로모터야 말로 자신이 꿈꿔온 일이라는 사실을 깨달았다. 하지만 동시에 마음속 깊은 곳에서 다른 사람들도 자신처럼 행복하게 해주고 싶다는 생각이 솟아났다. 그리하여 2013년, '워싱턴D.C를 웃게 하라$^{Make\ D.C\ Smile}$'라는 프로젝트를(그에게는 소명에 가깝다) 시작했다.

매주 월요일 아침, 아디푸르는 번잡한 워싱턴D.C의 거리에 긍정적인 메시지를 쓴 커다란 팻말을 들고 지나는 차를 향해 손을 흔들며 미소를 보낸다. 그의 목표는 오직 "내면의 긍정적인 생각을 불러일으켜 부정적인 생각을 몰아내는 것"뿐이다. 그의 팻말과 미소는 워싱턴D.C의 월요일 아침 출근길의 명물이 되어, 주요 언론사의 주목을 받았다. 사람들은 다른 이들에게 웃음을 주는 이 남자에게 매료됐다.

아디푸르는 내 도전을 듣고, 자신과 함께하자며 연락을 했다. 마침 워싱턴D.C로 갈 계획이 있어서 직접 만나 내 도전과 그의 캠페인을 함께 할 방법을 논의하기로 했다. 캠페인을 거절당하기 도전과 접목해, 아디푸르의 팻말을 함께 들고 낯선 이에게 우리에게 동참해달라고 부탁하기로 했다.

몇 주 후 때 이른 추위가 찾아온 아침, 나는 워싱턴 동상 밑에서 아디푸르를 만났다. 비니를 쓴 키 큰 남자가 나에게 따뜻하고 환한 미소를 보내며 인사를 건넸다. 악수를 하고 크게 포옹을 한 뒤, 우리는 거리로 나가 지나가는 차를 향해 팻말을 흔들었다. 월요일 아침에 아시아계 남자와 중동계 남자가 행복의 메시지를 전하는 팻말을 들고 있는 모습을 출근하는 사람들이 어떻게 받아들일지 짐작되지 않았다. 이곳은 워싱턴D.C, 혼잡한 출근길과 그보다 더 거친 사람들로 유명한 곳이 아닌가.

아디푸르는 팻말 한 무더기를 들고 왔다. 그는 "누군가를 사랑한다면 경적을 울리세요"부터 "오늘 멋진 하루 되세요", "자신에게 모질게 굴지 말아요"까지 여러 문구를 준비해 왔고, 사람들의 반응은 다양했다. 어떤 운전자는 팻말을 보고 경적을 울리며 우리에게 손을 흔들거나 미소를 보냈고, 황당한 표정으로 우리를 바라보거나 아예 무시하는 사람들도 있었다.

15분 후, 우리는 행인들에게 우리에게 동참하지 않겠느냐고 했다. 그러자 이내 거절이 빗발쳤다. 대부분 쫙 빼입고 출근을 서두르는 사람들이었다(우리 제안을 거절한 뒤 "이 문구 마음에 들어요"라고 말해주는 사람이 한 명 있기는 했다). 어린 남자아이들의 손을 꼭 잡은 채 서둘러 우리 앞을 지나는 가족도 있었다. 아이들은 관심이 있는 것 같았지만, 그 부모는 우리를 못 본체하겠다고 굳게 마음먹은듯했다.

마침내 학생처럼 보이는 한 남자가 우리에게 다가왔다. 그의 이름은 피터였는데, 우리를 보고 흥미가 생겨 자발적으로 동참했다. 팻말을 살펴보더니 그는 "웃어요"라는 간단한 팻말을 골랐다. 그의 동참으로 우리 행복 전도사팀의 전력이 두 배 강해진 기분이 들었다. 힘이 솟아나고 동기 부여가 된 것 같았다. 세 사람이 함께하니 제법 모양새를 갖추었다.

한동안은 우리에게 동참할 사람이 피터뿐일 것 같았다. 몇 사람을 더 끌어들이려는 우리의 노력은 줄기찬 거절로 끝났다. "우리 얼마나 거절 당했죠?" 횟수를 세다 깜박하는 바람에 아디푸르에게 물었다. 그는 반은 농담으로 300번은 된다고 대답했다. "하지만 괜찮아요. 그래도 그 사람들은 우리 팻말에 대해서 생각할 테니까요." 그에게는 그 자체가 한 번의 승낙과 다름없었다.

그리고 얼마 지나지 않아, 한 커플이 아이 하나를 데리고 헤매고 있었다. 길을 잃은듯했다. 아디푸르가 다가가 길을 찾느냐고 물었다. 그는 수족관을 가는 길을 알려주고는 우리와 함께하자고 권했다. "우리는 지금 불행에 반대하는 시위 중이에요." 내가 덧붙였다. 그들 셋은 웃음을 터뜨리고는, 팻말을 들고 지나는 차를 향해 흔들기 시작했다. 정말 그들이 합류할 거라고는 기대하지 않았는데, 정말로 함께했다. 이제 우리 팀은 두 배로 늘어났다. 말 그대로 대폭발이었다.

워싱턴D.C를 웃게 하라 도전은 분명 즐거운 경험이었지만, 나에게는 한 번으로 족했다. 그러나 아디푸르는 아니었다. 그의 긍정적인 태도와 의지는 진실했고 쉽게 꺾이지 않았다. 그는 실망하거나 괴로워하지도 않았다. 우리에게 합류할 사람을 모을 때 역시 마찬가지였다. 시종일관 밝은 미소를 띤 채 제대로 팻말을 흔드는 방법을 알려주고, 좋은 문구를 골라주며, 적절한 태도로 합류를 권했다. 그의 조용하지만 행복한 에너지가 내게도 전염됐다.

내가 그를 만났을 당시 그는 이미 1년이 넘도록 팻말 캠페인을 하고 있었다. 더운 여름이나 추운 겨울 가리지 않고, 아무런 금전적 보상도 없이. 똑똑하고 좋은 교육을 받은 이 젊은이는 부업을 갖거나 자신의 비즈니스를 시작하는 등 다른 일에 시간을 투자할 수도 있었다. 사실 경제적인 입장에서 보자면 워싱턴D.C를 웃게 하라 캠페인은 전혀 효율적이지 못한 일이다.

"행복은 돈으로 살 수 없거든요." 그는 이렇게 답했다.

아디푸르는 높은 연봉을 받는 컨설팅 회사를 그만두었다. 그 안에서 의미를 찾을 수 없기 때문이었다. 하지만 워싱턴D.C를 웃게 하라 프로젝트에서 의미를 찾았고, 이런 목적의식이 다른 이들에게 끊임없이 거절당하는 현실을 견딜 수 있게 했다. "거절당하면 끔찍한 기분이 들어요. 특히나 추운 날에는 더욱 그렇죠. 하지만 그런 일에 익숙해졌답니다. 모든 사람이 웃어주거나 나를 인정해주진 않아요. 내가 다른 사람을 행복하게 하다 보면, 나 자신도 행복해진답니다." 그는 말했다.

아디푸르 덕분에 행복이 돈이나 안락함, 타인의 인정을 통해서만 얻는 것이 아니라는 것을 알게 됐다. 똑똑하고 영향력 있는 사람 중에는 심리적 보상만으로도 자신의 시간과 노력을 투자하는 이들도 있다. 마더 테레사는 헤지펀드를 운용하지 않았고, 마틴 루서 킹 목사도 부동산 투자를 하지 않았다. 하지만 그들은 고난과 거절을 겪으면서도 자신들의 대의를 위해 삶을 바쳤다.

공감이 주는 힘

거리에 서서 지나는 사람에게 돈이든 관심이든 이것저것 부탁했던 일들이 거절당하기 도전 중 가장 어려웠다. 내 모습과 행동, 요청하는 것에 따라 끊임없이 다른 사람에게 평가받았다. 사람들이 나와 눈을 마주치지 않으려 고개를 숙이거나 나를 못 본척할 때는 굉장히 불쾌했다.

실제 걸인은 어떨지 궁금해졌다. 그들은 고상한체하거나 사회적 실험을 하지도 않는다. 그저 나는 잘 모르는 어떤 이유 때문에 돈을 구걸할 뿐이다. 푹푹 찌는 더운 날이나 추위가 매서운 날에도 상관없이, 매연과 소음 공해 속에서 빗발치는 조롱과 비난을 받는 구걸은 세상 최악의 직업 같았다.

오스틴으로 출퇴근하며 매일 지나치던 걸인들의 생활과 내 생활 사이에는 엄청난 간극이 있다. 우리는 같은 도시에 살고 같은 공기를 마시지만, 우리가 사는 세상은 멀리 떨어져있다. 하지만 거리에서 거절을 온몸으로 맞아보니, 지금껏 미처 생각하지 못한 걸인들에게 공감대가 생겼다.

그들과 이야기를 나누고 그들의 세상을 이해하고 싶어졌다.

걸인을 인터뷰하다

혼잡한 도시 고속도로 출구의 신호등 옆에 서 있는 한 걸인에게 인터뷰를 해도 되는지 물었다. 사실 그가 승낙해도 뭘 하겠다는 생각은 없었다. 대화를 나누게 될 것인가, 아니면 또 다시 거절당하게 될 것인가?

그는 60대 정도로 보였고, 흰 턱수염이 산타클로스처럼 덥수룩했다. 그리고 선글라스를 끼고 "참전 용사(베테랑)"라고 쓰인 야구 모자를 쓰고, 목에는 군대의 인식표를 걸고 있었다. 또한 "상이용사"라고 쓰인 팻말을 들고 있었다. 모자의 문구가 그의 정체성이었던 것이다.

프랭크라는 이름의 그 사내는 인터뷰를 승낙했지만, 혹시라도 어떤 문제에 휘말릴까 불안한 기색으로 주위를 둘러보았다.

그 후 10분 동안, 그는 자신의 이야기를 들려줬다. 믿기지 않는 이야기였다. 프랭크는 미시간 출신으로, 베트남 전쟁에 참전했지만 부상을 입는 바람에 일할 수 없게 됐다. 머리 부상 후유증으로 언어 장애가 생겨 다른 사람과 원활한 의사소통을 할 수 없었던 것이다. 그는 기본적인 식비와 주거비 이상을 지원받기 위해 상이군인 지원 혜택 확대 신청을 해놓고 18개월이 넘도록 기다리고 있지만, 아직도 연락을 받지 못했다.

설상가상으로 심각한 심장병을 앓고 있는 아들도 있었다. 아이는 여섯 살이지만 실제로는 세 살 정도의 몸집에 불과하며, 오스틴에서 남쪽으로 400킬로미터 떨어진 코퍼스크리스티의 아동 병원에서 수술을 앞두고 있다. 프랭크는 여비를 마련하기 위해 거리에서 구걸을 했다. 수술 후 회복되기까지 그와 그의 아내는 최대 2주 정도 숙소에 머물러야 하기 때문이다. 보험으로 수술비는 충당되지만, 프랭크는 그곳에 머무를 돈이 없었다.

그와 간단히 대화를 나눈 후, 나는 프랭크에게 이야기를 들려줘서 감사하다며 내가 가진 현금을 탈탈 털어서 줬다. 그는 정중히 감사 인사를 했다. 프랭크가 국가를 위해 복무한 사실을 얼마나 자랑스럽게 여기는지 느껴졌다. "국가를 위해 봉사한 적 있소?" 그가 내게 물었다.

"아뇨, 아내를 위해 봉사하고 있습니다." 내가 대답했다. 프랭크는 폭소를 터뜨렸다. 그 모습에서 지금보다 행복하던 시절의 그의 모습이 그려졌다. 미소 띤 그의 모습이 열 살은 젊어 보였다.

악수를 나눈 뒤, 프랭크는 자신의 자리로 돌아갔고 나는 무거운 마음을 안고 차로 돌아갔다. 프랭크는 수많은 거절과 불운을 겪었다. 국가를 위해 복무하다 희생한 자랑스러운 과거를 뒤로 하고 이제는 절박한 아버지로 수많은 차량에 거절당하면서도 그 자리에 서있다. 프랭크의 사연이 알려지기만 하면 사람들은 차를 세울 것이다. 그러면 금세 필요한 금액을 모을 수 있을 텐데.

왕립예술산업진흥회Royal Society for the Encouragement of Arts, RSA의 강연에서, 휴스턴대학교의 사회학자 브레네 브라운은 동정과 공감의 차이점을 이렇게 설명했다. "공감은 관계를 기반으로 합니다. 반면에 동정에는 관계가 단절됐죠. 공감은 타인과 함께 느끼는 것입니다. 누군가 깊은 구멍에 빠져, '여기 사람이 갇혀있어요, 깜깜하고 너무 무서워요'라고 소리칩니다. 그러면 공감은 '이봐요' 라고 불러보고, 구멍 밑으로 내려가서 이렇게 말합니다. '이렇게 밑에 떨어진 기분을 나도 알아요. 당신은 혼자가 아니에요.' 반면에 동정은 위에서 내려다보며 말하는 겁니다. '오, 이런! 힘들죠? 샌드위치라도 가져다줄까요?'"

나도 수많은 사연이나 상황을 보고 동정심이 들었지만, 대부분 나와는 관계없는 다른 세상 이야기 같았다. 그런데 이제는 가족을 부양하기 위해 구걸하는 프랭크에게 공감했다. 그의 이야기를 확인할 도리는 없지만, 어쨌든 그건 중요하지 않다. 거리에서 돈을 구걸하는 일이 얼마나 처참한 일인지 알게 됐으니 말이다. 어떤 면에서는 돈을 구걸하는 도전에서 거절당한 경험에 감사했다. 잠시라도 프랭크가 있던 깊은 구멍에 내려가 그의 기분을 이해할 수 있게 됐으니.

《성공한 사람들의 7가지 습관》의 베스트셀러 작가인 스티븐 커비는 말했다. "다른 사람에게 깊은 공감을 보이면, 그들의 경계심이 느슨해지고 대신 긍정적인 마음이 생긴다. 그 순간이 바로 문제를 해결하기 위해 창의성을 발휘할 때다." GE의 전 CEO이자 당대 최고의 경영자로 널리 알려진 잭 웰치도 이렇게 말했다. "재능과 기술 면에서 필요한 자질을 모두 갖추었다면, 조직에서 가장 우선시하는 가치는 인간성이다." 제대로 들여다본다면 거절당한 경험은 누군가를 공감할 수 있는 바탕이 될 수도 있다. 거절당한 뒤 관계를 단절해버릴 수도 있겠지만, 마음을 열고 상대를 이해하고 돕는 것은 어떨까.

여성 보디빌더를 인터뷰하다

사람들에게서 받은 다양한 요청 중에는 정말 특이한 것도 있었다. 그중 가장 이상했던 것은 캘리포니아에서 카지노 딜러를 하고 있는 49세 존의 요청이었다. 그는 여성 보디빌더를 인터뷰해달라고 했다.

요청 자체는 그리 이상할 건 없었다. 이상한 건 그의 끈질김이었다. 그가 처음 메일을 보냈을 때, 나는 이 아이디어가 이상한데다 내 성격이나 관심사에 맞지 않아 넘겨버렸다. 그의 요청은 그리 도전거리가 되지 않는다고도 생각했다. 보디빌더 인터뷰를 두려워할 이유가 있겠는가? 그리고 뭐에 대해 인터뷰를 하지? 그의 요청이 진심인지 농담인지도 확실치 않았다. 하지만 그는 계속해서 메일을 보냈다. 하물며 여성 보디빌더가 얼마나 아름다운지 나를 설득하려 여성 보디빌더 대회 동영상까지 보냈다.

스무 번쯤 되자 나도 궁금해지기 시작했다. 인터뷰나 여성 보디빌더에 대해서가 아니라 그의 집요함과 그 이유에 대해서 말이다. 그래서 그에게 답장을 보내 대체 그토록 간절하게 요청하는 이유를 물었다.

존은 오랫동안 여성 보디빌더에 관심을 가졌는데, 그들이 남성이 주도하는 분야에 진출한 이유와 아름다움을 평가하는 기준을 알고 싶어했다. 그래서 몇몇 보디빌더를 직접 만나보려 했지만 허사로 돌아가고, 가장 숭배하는 사람에게 거절당할까 두려워진 것이다. 그래서 그는 나에게 자신의 소원을 이루어달라고 부탁한 것이었다.

이야기를 듣고 나니 그의 요청도 이해가 됐다. 하지만 여전히 인터뷰를 거절당하기 도전에 적용할 아이디어가 떠오르지 않아, 정중히 거절했다.

그러나 존은 포기하지 않고 계속해서 연락을 취했다. 내가 새 동영상을 게시할 때마다 응원의 댓글을 남기고, 여성 보디빌더 인터뷰가 자신에게 어떤 의미인지 설명하며 사정했다.

앞서 말했듯 모든 거절에는 횟수가 있다. 존의 경우는 44회였다. 마흔네 번 부탁을 받자, 나는 결국 그에게 두 손 두 발 다 들고 승낙하지 않을 수 없었다. 열혈팬에게 중요한 일을 거절하기란 어려웠다.

링크드인을 통해 오스틴 지역의 여성 보디빌더 세 명에게 인터뷰를 요청하는 메시지를 보냈다. 그중 한 명이 인터뷰를 승낙했다. 그녀의 이름은 멜러니 데일리로 오스틴 토박이에 작지만 성공적인 퍼스널트레이닝 체육관을 직접 운영하며 전국 보디빌딩대회에서 수차례 금메달을 땄다.

인터뷰를 하며 멜러니는 존의 모든 질문, 다소 사적인 질문까지 모두 대답해줬다. 그녀는 자신이 보디빌더가 된 이유와 자신의 분야에서 최고가 되기 위해 쏟은 노력에 대해 이야기했다.

또한 그녀는 자신의 직업에 대해 내가 예상하지 못했던 진실을 알려줬다. 보디빌더들은 대회를 치를 때마다 자기 자신에게 거절당할까 두려운 마음에 맞서야 한다는 것이었다. 또한 그들은 자신뿐 아니라 다른 사람에게서도 거절당할까 두려워한다. 그들은 몸을 만들기 위해 엄청난 노력과 시간을 투자하기 때문에, 사소한 결함에 집착해 굉장히 불안해지기 쉽다. 그래서 그들은 종종 자신을 거절한다고 한다.

게다가 여성 보디빌더들은 종종 사회적으로도 거절당하는 기분을 느낀다고 한다. 아름다운 여성이라고 할 때 사람들이 떠올리는 이미지는 울룩불룩 튀어나온 근육이나 무거운 역기를 들어 올리는 모습이 아니다. 멜러니와 그녀의 동료 보디빌더들은 일반인과 다른 시각으로 아름다움과 건강을 바라보기 때문에, 매번 그렇지만 특히 데이트할 때 비판과 거절에 직면하게 된다. 이런 점에서 존은 자신이 숭배하는 사람들과 생각보다 많은 공통점이 있었다.

존의 집요한 모습을 보니 여러 생각이 들었다. 나는 무엇을 위해 40번 이상의 거절을 겪었을까? 400번? 아니 4,000번은 어떨까? 어쩌면 좋은 차, 성공적인 비즈니스나 경력이 달린 문제라면 가능할지도 모른다. 사랑하는 사람과의 결혼과 행복한 삶이라면 분명 그럴 것이다. 거절을 감수하는 숫자가 커질수록, 그 대상의 가치는 높아진다. 사랑, 우정, 건강에 대해서라면 거절을 감수할 횟수는 무한대다.

==당신이 뭔가를 얼마나 원하고 소중히 여기는지 알 수 없다면, 거절을 감수할 횟수를 평가 지표로 삼아보라.== 성공한 사람들을 살펴보면 속이 뒤집어지는 거절을 당한 뒤에야 성공을 일궈낸 경우가 많다. 목표를 달성하기 위해 자신이 어느 정도까지 고통을 감내할 수 있을지 거절을 통해서 깨달을 수 있기 때문이다.

코미디언 루이스 C.K.는 보스턴에서 자라던 어린 시절부터 코미디 작가와 스탠드업 코미디언을 꿈꿨다. 보기 드물게 뻔뻔함과 감성, 무례함과 호감, 신랄함과 통찰력을 겸비한 루이스 C.K.는 마침내 인생의 꿈을 이루며, 40대 중반의 나이에 보통의 코미디언들을 뛰어넘는 성공을 이뤘다.

이제 그는 인기 높은 심야 TV쇼의 단골 게스트고, 공연은 몇 시간 만에 매진되는 스탠드업 코미디언이다. 그의 한 시간짜리 특별 공연은 DVD로 발매돼 수백만 달러의 수익을 올리며, 이제는 HBO에서 자신의 쇼를 진행한다. 또한 에미상 후보에 서른 번 올라 다섯 번을 수상했다.

루이스 C.K.가 꿈을 이루고 성공을 거둘 수 있었던 이유가 타고난 재능과 운이라고 생각하기 쉽다. 사실은 전혀 다르다. 그는 꿈을 이루기까지 계속해서 거절당했다. 그리고 이렇게 거절을 당하며 그는 자신이 얼마나 절실히 코미디언이 되고 싶은지 깨달았다.

열일곱 살 때, 루이스 C.K.는 보스턴의 나이트클럽의 오픈마이크나이트(메인 공연 후 진행되는 열린 무대. 실력과 무관하게 누구나 혼자 연습한 공연을 할 수 있다. — 옮긴이)에서 첫 공연을 했다. 고약하기로 악명 높은 관객들은 코미디언들이 무대에 올라갈 때면 야유를 퍼부어댔다. 그러니 그 무대에서는 일은 스탠드업 코미디언의 꿈을 품고 재능을 발휘하려는 사람들에게는 극도로 긴장되는 일이면서 동시에 공개적으로 거절당하고 꿈을 포기하기에 알맞은 길이기도 했다.

무대에 대해 아는 것도 없고 스탠드업 코미디 공연을 해본 적도 없던 루이스 C.K.는 며칠 동안 두 시간 분량의 소재를 준비했다. 정말 웃길 것 같았다. 하지만 관객의 반응은 달랐다.

시작하자마자 "사람들은 나를 빤히 쳐다보았다"라고 그는 〈하워드 스턴 쇼〉에서 당시를 회상했다. 처참하게 망한 농담을 던진 뒤, 그는 "제가 준비한 건 이게 전부입니다"라고 말하고는 수치심을 안고 무대를 내려왔다. 사회자는 그 후 10분간 계속해서 그를 놀림감으로 삼았다. "정말 처참한 기분이었습니다. 죽고 싶었어요"라고 루이스 C.K.는 말했다.

하지만 그는 용기를 내어 다시 도전했다. 그 지역의 유명 코미디언이 무턱대고 그를 수많은 관중 앞에 세웠을 때였다. "무서웠습니다. 말 그대로 손은 덜덜 떨리고, 가슴은 쿵쾅대서 머리가 울릴 지경이었어요." 그는 이렇게 회상했다. 말할 필요도 없이, 이번에는 더욱 처참한 결과를 맞이했고 그는 다시 실패했다.

꿈을 품은 많은 젊은이들은 이처럼 늑대 소굴에 내던져지면 자신들은 재능이 없거나 꿈꿔오던 커리어는 상상만큼 매력적이지 않다고 생각하게 된다. 요즘 사업가들이나 비즈니스에서 인기 있는 "빨리 실패하고 다른 일로 넘어가라" 문화라면, 그는 스탠드업 코미디가 그에게 맞는 일이 아니라고 결론을 내렸을지도 모르겠다. 그리고 다른 일, 예를 들어 대중에게 노출되지 않는 일에 도전했을 것이다.

그때 왜 그만두지 않았냐는 질문에 루이스 C.K.는 이렇게 대답했다. "조금 시간이 지나자 뭐랄까, 죽지는 않을 것 같더라고요. 그리고 여전히 흥미가 있었거든요. 그 순간은 속상했지만, 시간이 지나니 기분이 나아졌고 여전히 도전하고 싶은 마음이 들더군요. 부정적인 감정을 헤쳐낸 겁니다. 이제 그렇게 부정적인 기분은 스스로 다룰 수 있습니다."

무명 코미디언으로 보스턴 나이트클럽에서 8년을 일하며, 그는 그만두고 싶다는 마음과 싸웠다. 수많은 나날 동안 객석이 비었을 때만 무대에 오를 수 있었다. 관중 앞에서 쇼를 할 수준이 되지 않았기 때문이다.

어느 날 밤, 코미디언들에게 인생 역전의 발판이 되는 프로그램인 〈새터데이 나이트 라이브〉의 감독 짐 도니가 신인을 찾으러 그 동네에 들렀다. 그는 오디션을 거쳐 단 한 명의 코미디언을 선발했다. 루이스 C.K.는 아니었다. 이제는 하늘도 그만두라는 메시지를 보낸 것 같았다. 하지만 루이스 C.K.는 포기하지 않았다. 거절은 그의 끈기를 테스트하는 단계에 불과했다. 그는 꽤나 극적으로 거절당했지만, 아직도 포기하고 싶지 않았다. 초기의 경험에도 불구하고 이런 생각이 그가 코미디를 지속하는 원동력이 됐다. 시간이 지나 마침내 그에게 행운이 찾아와, 코넌 오브라이언에게 발탁돼 작가로 일하게 됐다. 나머지는 널리 알려진 대로다. 그의 커리어를 되짚어 보면, 루이스 C.K.의 운은 절대 운 덕분이라고만은 하기 어렵다. 오랫동안 여러 차례 절망적인 거절을 견뎌낸 결과니 말이다.

우리는 어린 시절 큰 꿈을 품고 자란다. 대통령이 되겠다든가 로켓을 만들겠다거나 스탠드업 코미디를 하겠다는 식으로 말이다. 하지만 대부분은 어린 시절의 꿈을 포기해버린다. 나이가 들면서 자아 성찰을 하며 그 꿈을 이루기에는 열정이나 추진력, 재능이 부족하다는 사실을 깨닫는다. 혹은 거절당하며 세상이 우리의 노력을 받아들이지 않는다는 사실을 깨닫기도 한다. 그러면 우리는 노선을 수정해 다른 분야에서 성공하기도 한다. 이것이 바로 경제학자인 스티븐 더브너와 스티븐 레빗이 말하는 "포기의 긍정적 효과"다.

하지만 포기하지 않는 사람들도 있다. 계속해서 거절당해도 말이다. 이런 사람들은 결국 자신이 되고 싶었던 사람이 된다. 처참하게 거절을 당하면서 자신의 꿈이 얼마나 절실하고 소중한지 깨닫기 때문이다.

도스토옙스키는 "내가 두려운 것은 오직 하나, 고통을 겪을 가치조차 없는 사람이 되는 것"이라고 말했다. 거절 역시 마찬가지다. 거절의 고통보다 꿈을 향한 열정이 더 큰가? 그렇다면 포기하지 말고 계속해야 한다.

| 사명감을 찾아라

보통 거절은 한 사람 또는 한 집단이 상대에게 "아니"라고 말하는 것이다. 하지만 어떤 사건은 삶을 송두리째 바꿔버릴 만큼 깊은 상처를 남겨 운명 혹은 신에게조차 거절당한 느낌을 준다. 자신의 세상이 뒤집어졌을 때, 혹은 스코티 스마일리 소령의 경우처럼 말 그대로 암흑이 됐을 때, 사람들은 그 안에서 어떻게 의미를 찾을까?

듀크대학교 경영대학원의 동기들은 믿기 힘들 만큼 똑똑하고 창의적인 인재들이다. 몇몇 친구들은 성공한 비즈니스 리더나 사업가가 됐다. 하지만 나에게 가장 인상적이고 큰 영향을 준 친구를 묻는다면 단연 스코티 스마일리를 꼽겠다.

스마일리는 당시 중위로 이라크에서 복무 중이었다. 2005년 4월 6일, 그가 이끄는 소대는 자신의 부대 쪽으로 운전해 오는 수상한 차량을 발견했다. 가장 가까운 위치에 있던 스마일리가 경고 사격을 했지만 운전자는 차를 세우지 않았다. 스마일리 중위는 결정을 내려야 했다. 운전자에게 직접 총격을 가해 차를 세우거나, 운전자의 목숨을 살려주는 차원에서 다시 한 번 경고 사격을 할 수 있었다. 그는 운명적으로 후자로 결정했다. 스마일리는 그를 향해 돌진하는 운전자를 본 직후 자살 폭탄이 터졌다고 기억했다. 가장 가까이 있던 스마일리가 그의 소대원들을 덮치기 전 차량을 세운 덕분에 그를 제외한 다른 이들의 피해는 없었다.

스마일리가 기억하는 다음 장면은 병원에 누워있는 모습이었다. 담당

의사는 파편이 왼쪽 눈을 관통해 뇌에 박히는 바람에 영영 앞을 보지 못하게 됐다고 말했다.

대학원 학위 수여식에서 스마일리는 자신의 이야기를 들려줬다. "인간이 느끼는 가장 큰 공포는 앞을 보지 못하는 것이라고들 합니다. 그날 나는 바로 그 공포를 겪었습니다."

신앙심이 깊었던 스마일리는 신에게 버림받았다고 느꼈다. 어째서 하느님은 내 시력을 앗아가시고 여생을 장님으로 살게 하신 걸까? 그의 삶은 무너져 내렸다. "제 인생은 이제 끝난 것 같았습니다. 누구라도 이런 일을 견뎌내긴 힘들죠. 현실 부정, 분노, 억울함, 두려움……. 무슨 생각을 할 수 있겠어요." 폭스 뉴스와의 인터뷰에서 그는 이렇게 말했다.

또한 자신의 삶과 커리어의 기반이 있던 군대에서도 거절당할까 두려웠다. 대체로 이렇게 심각한 부상을 입으면 제대가 불가피하기 때문이다.

하지만 스마일리는 현실에 순응하지 않았다. 부상 전의 삶을 계속하며 온전히 살고자 했다. 바로 군대 안에서. 그는 우리 대학원 동기들에게 말했다. "전 댄 테일러 중위처럼 되고 싶진 않았습니다." 댄 테일러 중위는 베트남 전쟁에서 다리를 잃고 폐인이 된 영화 〈포레스트 검프〉의 등장인물이다.

그래서 스마일리는 군대가 결정을 내리기 전에 자신이 먼저 결단을 내렸다. 조용히 전역하지 않고, 부상 입은 군인들을 지원하는 업무를 맡아 계속 복무하게 해줄 것을 탄원했다. 군대는 그의 요구를 받아들였고, 스마일리는 최초의 현역 맹인 장교가 됐다.

그러면서 레이니어 산을 등반하고, 콜로라도에서 스키를 타고, 하와이에서 서핑을 즐기고, 스카이다이빙을 하고, 철인 삼종 경기도 완주해냈다. 전투 중 부상을 입은 군인에게 주는 훈장인 퍼플하트와 공중전 이외에서 용감한 행동을 하는 군인에게 주는 훈장인 브론즈스타를 받았으며 2008년에는 스포츠계의 그래미상인 ESPY시상식에서 올해의 최고 아웃도어 선수상을 받기도 했다. 듀크대학교 경영대학원을 졸업한 후에는 웨스트포인트에서 리더십 강의를 했고, 그 뒤로 웨스트포인트 메디컬센터의 병사전환배치팀Warrior Transition Unit의 지휘관이 됐다. 그리고 최근에는 미 육군의 최고 권위상인 맥아더리더십상을 받고 소령으로 승진했다. 또한 자신의 이야기를 쓴 《보이지 않는 희망》을 출간했다.

스마일리의 굳건한 신념은 두 번 다시 흔들리지 않았다. 그리고 수백만 군인, 운동선수, 교회 신자를 비롯한 모든 이들에게 자신의 이야기를 들려주며, 거절에 대한 시각을 바꾸면 부정적인 환경을 삶의 원동력, 동기와 사명으로 바꿀 수 있다는 생각을 많은 사람들에게 불어넣는 일을 자신의 사명으로 삼았다.

스코티 스마일리의 이야기는 많은 용기를 준다. 대학원 1년 차 내내 나는 그와 같이 수업을 들었는데, 그는 과제나 수업 자료를 읽기 위해 맹인용 특별 소프트웨어를 사용하는 것 말고는 다른 사람들과 똑같이 수업에 참여했다. 언젠가 그가 학교 앞에서 기다리는 가족에게 걸어가는 걸 도와

준 적이 있다. 그는 아름답고 사랑스러운 아내 티파니와 포옹하고는 어린 아들을 들어 올려 뽀뽀한 뒤, 나에게 손을 흔들며 인사했다.

나는 장애인에게 큰 동정심을 품고 있었다. 하지만 스코티 스마일리가 전혀 불쌍하게 느껴지지 않았다. 나는 혼잣말로 중얼댔다. 이런, 멋진 친구 같으니라고! 이런 사람을 알게 된 건 정말 축복이야!

시력을 잃은 건 비극이다. 하지만 자신의 삶을 비극으로 규정하는 대신, 스코티는 자신의 방식대로 삶을 살았다. 삶의 새로운 사명을 찾고 비극을 기쁨과 의미가 충만한 이야기로 바꿨다. 자신이 그렇게 하기로 선택했기 때문이다.

이런 이야기를 들으면 훨씬 참혹하지만 심오한 의미가 담겨 있는 이야기가 떠오른다. 빅터 프랭클 박사의 이야기다. 오래전 읽은 책이지만, 그가 쓴 《죽음의 수용소에서》의 메시지는 아직도 내 가슴에 깊이 새겨져있다. 이 책은 그가 나치의 유대인 강제 수용소에 있던 시절의 기록이다. 그와 동료 수감자들은 한때 인간에게 소중했던 모든 것들, 편안함과 안전부터 인간의 존엄성과 정의까지 빼앗겼다. 가학적인 간수들의 기분에 따라 무작위로 삶과 죽음이 결정됐다. 하지만 프랭클은 누구도 상상하기 힘든 고난을 겪으면서도 자신이 할 수 있는 것이 한 가지는 있다는 사실을 알아냈다. 바로 의미를 찾는 것이었다.

프랭클은 처참한 고통을 겪고 신체적 자유가 없는 상황에서도 자신을 영적으로 단련하거나 다른 수감자들을 돌보며 주어진 상황에서 의미 있는 일을 찾았다. 의미를 찾은 덕분에 그는 희망을 잃거나 자신의 삶을 포기하지 않을 수 있었고, 어떤 태도를 취할지 선택할 자유도 획득했다.

상황을 통제할 자유를 갖지 못했지만 모든 경험, 심지어 거절에서도, 공감이나 가치 혹은 새로운 사명처럼 의미를 찾을 자유는 있다.

1. **공감하라** : 거절은 세상 모든 사람과 공유할 수 있는 경험이다. 거절과 고통의 경험을 공유하면 다른 사람을 공감하고 이해할 수 있다.

2. **가치를 찾아라** : 끊임없이 거절당하다 보면 자신의 결심과 신념의 정도를 파악할 수 있다. 위대한 승리는 대부분 속이 뒤집어지는 거절을 당한 뒤에 찾아온다.

3. **사명감을 찾아라** : 때로 인생에서 가장 가혹한 거절이 새로운 시작이나 사명을 가지라는 신호일 수도 있다.

11장
결국 자기 자신의 문제다

마케도니아의 알렉산더 대왕처럼 일생 동안 세속적 영광을 누린 이는 없다고들 한다. 알렉산더는 동유럽에서 북아프리카, 남부 아시아에 이르는 영토를 정복하며 무적의 용사로 이름을 떨쳤다. 그의 존재는 마주치는 모든 이들에게 두려움의 대상이었다. 단 한 사람만 제외하고.

알렉산더의 군대가 인더스 강을 건널 때였다. 그는 나무 밑에서 벌거벗은 채 가부좌를 틀고 하늘을 바라보는 한 남자를 보았다. 나체 수도자였다. 당황한 알렉산더는 뭘 하고 있냐고 물었다. 그러자 나체 수도자가 대답했다. "무無를 경험하고 있습니다. 대왕님은 무엇을 하고 계십니까?" 알렉산더가 대답했다. "세계를 정복하고 있네." 그리고는 둘 다 서로의 어리석음을 비웃었다(이야기 출처: 〈동양 대 서양 – 신비로운 신화〉, 데브둣 파타나이크의 2009년 11월 TED인도 강연).

알렉산더와 나체 수행자는 서로를 이해할 수 없었다. 전혀 다른 패러다임 속에 살고 있었기 때문이다. 아리스토텔레스 학파의 그리스 철학을 교육받아 인생의 궁극적 목표는 자아실현이라고 믿는 알렉산더는 나체 수도자가 아무것도 하지 않고 앉아 시간을 허비하고 있다고 생각했다. 반면 나체 수도자는 진정한 삶의 의미는 세속의 쾌락을 외면하고 금욕을 통해 얻을 수 있다는 금욕주의를 따랐다. 따라서 그는 알렉산더의 세계 정복을 시간 허비라고 여겼다. 나체 수도자의 사고 체계로는 세계 정복이란 무의미한 행위에 불과했기 때문이다.

알렉산더 대왕과 인도 나체 수도자는 사실상 세계를 정복하고 있었다. 알렉산더는 우리가 살고 있는 집단적이고 객관적인 세상을, 나체 수도자는 자신이 살고 있는 개별적이고 주관적인 세상을 정복한 것이다. 역사적으로 인류는 이 두 종류의 세상을 모두 정복하기 위해 힘써왔다. 내적 세계와 외적 세계가 교차하는 지점에서 놀랍고도 신오한 철학적, 종교적, 예술적 발전이 이루어진다.

나는 거절당하는 두려움을 극복하겠다는 단순한 목표에서 도전을 시작했다. 그러면 좀 더 도전적으로 비즈니스를 하고 커리어를 쌓아갈 수 있으리라 생각했다. 나는 나를 둘러싼 바깥세상과의 문제를 개선하는 데 집중한 것이다. 하지만 내 여정이 끝날 무렵, 놀랍게도 거절의 두려움을 극복함으로써 내 안의 세상도 바뀌었다. 내 경험은 바깥세상과의 관계와 내면을 함께 변화시켰다. 덕분에 언제 생긴지도 모르는 정신적, 심리적 속박에서 벗어나게 됐다.

비행기를 조종하다

거절당하기 도전이 끝날 무렵에는 거절보다 승낙을 받는 경우가 훨씬 많았다. 거리에서 지나는 사람에게 가위바위보의 확장판인 가위바위보-도마뱀-스팍(스타트렉의 등장인물 스팍의 손동작을 딴 것. 바위와 가위를 이긴다. — 옮긴이)을 하자고 해도 쉽게 승낙을 받았다. 다음 날은 패스트푸드점 소닉에 갔다. 차 안에서 음식을 주문하고 기다리면 롤러스케이트를 신은 종업원들이 차로 가져다주는 곳이다. 나는 그들에게 다가가 롤러스케이트를 타고 싶어서 그러니 한 켤레 빌려줄 수 있냐고 묻자, 그들은 사고가 생겨도 자신들에게 책임을 묻지 않겠다는 문서에 서명하면 가능하다고 했다. 다음으로는 빌딩 꼭대기에 간판을 달고 있는 버킷 트럭 운전사에게 짜릿함을 맛보고 싶다며 나를 버킷에 태워 지상 15미터 높이로 올려 흔들어달라고 부탁하기도 했다.

이렇게 멋지고 신나는 일에 도전하며 매우 즐거웠지만, 한편으로는 매번 승낙을 받으니 조금은 의욕이 꺾였다. 내 요청을 거절하지 못할법한 사람들만 잘 찾아낸 건지, 혹은 내 요청이 너무 쉬운 건지 의심스러웠다. 이상하게 들리겠지만, 좀 더 거절을 당해서 균형 잡힌 깨달음을 얻고 싶었다. 그래서 그 누구도 시키지 않은 거절당하기 도전에 나섰다.

92번째 도전으로 나는 지역 공항에 찾아가 데즈먼드라는 파일럿에게 그의 비행기를 조종하게 해달라고 부탁했다. 물론 나는 비행기조종면허증도 경험도 없었고, 그럴만한 용기도 없었다. 거절당할 줄 알면서 해본 제안이었다.

그런데 데즈먼드는 흔쾌히 승낙했다. 그의 비행기는 자이로플레인이라는 쉽게 이착륙을 할 수 있는 개방형 소형 항공기였기 때문이다. 흡사 헬리콥터 미니어처 같았는데, 나에게는 비행기라기보다는 오토바이처럼 보였다.

알고보니 데즈먼드는 자신의 비행기에 대해 입에 침이 마르도록 칭찬을 늘어놓는 자이로플레인의 열혈팬이었다. 따라서 그는 내 미친 부탁을 자신의 사랑하는 비행기에 대해 누군가와 공유할 좋은 기회로 여겼던 것이다.

나에게 조종법을 가르쳐준 후, 혹시 모를 추락 사고를 방지하기 위해 그도 함께 탑승했다. 비행기는 흔히 보는 거대한 여객기와는 전혀 달랐다. 덕분에 진짜 비행하는 기분, 마치 라이트 형제가 최초의 비행기로 하늘을 날 때의 기분을 느꼈다.

그전까지의 비행은 끔찍하게 긴 탑승 수속 대기줄, 벨트를 풀고 신발을 벗은 뒤 바지가 흘러내리지 않도록 바지를 부여잡으며, 이러다간 나중에 화병에 걸리진 않을까 염려하며 보안 검색대를 통과하고, 연착하는 비행기를 기다리며 더러운 바닥에 앉아 핸드폰을 충전하고, 탑승하면 옆 사람과 머리 위의 짐칸과 팔걸이를 두고 신경전을 벌이고, 비행기의 작은 창문으로 겨우 하늘을 내다보는 모습이었다.

하지만 자이로플레인을 타니 마치 새가 된 기분이었다. 데즈먼드가 좋아했던 건 물론이었다. 그는 회전하고 활공하고 상승하는 법을 가르쳐줬다. 우리는 360도 회전, 급강하, 급회전도 했다. 바다를 스치듯 날아가는 갈매기처럼 옥수수밭 60미터 상공을 날다가, 독수리처럼 300미터 상공으로 날아오르기도 했다.

내 평생 최고의 비행이었다.

착륙한 후, 한 가지 생각이 머릿속에서 떠나지 않았다. 처음에 데즈먼드에게 그의 비행기를 조종해볼 수 있냐고 묻지 않았더라면 어땠을까? 이런 기회를 통째로 날려버렸겠지. 아마 자이로플레인이란 것이 있는지 조차 모르고 넘어갔을 것이다.

100일간 거절당하기 도전을 돌이켜 보면, 오륜기 도넛, 공중파 토크쇼 진행자에게 내 아들을 위해 노래 불러달라고 하기, 그리터나 걸인, 일일 교수, 오피스 매니저가 되기, 소방서와 호텔 견학, 오후에 맥그리들 구입하기, 워싱턴D.C에서 웃음 전도사 팀원 모집하기, 길거리에서 강연하기, 생각보다 많은 걸 알게 된 여성 보디빌더 인터뷰 등 유치한 것부터 깊이 있는 것에 이르기까지 모두 내가 요청하지 않았더라면 해보지 못했을 경험들이었다. 그리고 덕분에 여태껏 겪지 못한 많은 추억을 쌓았다. 내가 찾아 나서지 않았더라면 하지 못했을 경험이다. 내가 요청했기 때문에 할 수 있었다.

그래, 덕분에 보다 예술적이고 과학적으로 요청하고 거절을 다루는 법을 배웠다. 그리고 나는 아직도 거절당한다. 나와 같은 여정을 시작하려는 모든 이들도 언젠가 거절당할 것이다. 하지만 물어보지도 않는 것은 자기 자신을 거절하는 것과 같다. 그러면 기회를 잃는다. 컨설팅 회사 액센추어가 발표한 2011년 보고서에 따르면 전체 미국인 근로자 중 임금 인상을 요구한 경험이 있는 사람은 절반 이하(여성 44퍼센트, 남성 48퍼센트)라고 한다. 그런데 통계적으로 임금 인상을 요구한 사람의 85퍼센트가 성과를 얻었다.

이제 18개월이 된 내 아들 브라이언은 뭔가를 요구할 때 주저하는 법이 없다. 마치 마법 지팡이를 휘두르듯 손가락으로 원하는 걸 가리킨다. 나에게 거절당한다 해도 요구하기를 두려워하지 않는다. 나도 한때 아이였고, 누구나 인생에 한 번은 그런 시절이 있었다.

하지만 시간이 흘러 '현명해지면서', 언제나 원하는 것을 얻을 수는 없으며 때로는 신중히 요청해야 한다는 사실을 배운다. 물론 자꾸 친구에게 100달러만 달라고 하는 건 친구를 잃는 좋지 않은 요청이지만. 우리는 거절의 두려움 때문에 원하는 걸 요청하지 않는 방향으로 마음의 추를 옮기곤 한다. 우리는 꿈과 소망, 관계를 해칠 수도 있는 요구를 하지 않는다. 그리고는 자신이 남에게 폐를 끼치지 않았으며 설사 시도했더라도 거절당하고 말았을 테니 언젠가 '적절한 때가 오면' 요청하겠다고 다짐한다. 적절한 때는 영영 오지 않겠지만 말이다. 우리는 자신에게 이런 거짓말을 한다. 단지 거절을 피하고 싶어서.

100일간 거절당하기 도전 덕분에, 거절의 두려움을 모두 없애고 내 아들 브라이언 나이의 나로 돌아갈 수 있었다. 이제 나는 내가 원하거나 필요한 것을 요청할 수 있고 거절이나 평가, 반감을 두려워하지 않는다. 그리고 발을 뻗어 한 걸음 내딛으면 놀라운 일이 벌어진다는 사실을 깨달으면서, 이런 가능성에 대한 설렘이 거절당할지도 모른다는 두려움을 덮어버렸다. 이제 예전처럼 사람이 두렵지 않고, 불편하지도 않다.

정말 필요한 건
자기 자신의 승낙이다

　　　　　　　　더 이상 거절당하는 일이 두렵지 않으면, 다른 사람과의 관계에서도 이런 자세가 드러난다. 내 삼촌을 기억하는가? 바퀴 달린 운동화 아이디어를 묵살해서 사업가가 되겠다는 내 꿈을 짓밟은 바로 그분. 언제나 삼촌과 의견이 일치하지는 않았지만, 삼촌이 한결같이 나를 자식처럼 사랑하고 보살펴주신다는 건 안다. 그분은 언제나 경제적 성공과 꿈의 성취라는 두 가지 목표에서 내가 최고가 되기를 바라셨다. 하지만 그걸 이루는 방법에 대해서는 나와 견해가 달랐다. 무엇보다 우리는 세대 차이가 컸다.

　삼촌은 중국에서 자란 베이비붐 세대다. 성인이 된 후 돈 몇 푼만 들고 미국으로 이민 와, 목표를 이루기 위해 열심히 일하며 한 계단씩 올랐다.

마침내 로스쿨에 진학하겠다는 꿈을 이루고 꽤 성공적인 법률 사무소를 세웠다. 그분에게는 변호사가 되는 것이 아메리칸드림을 이루는 길이었다. 그리고 그 꿈을 이뤄 재정적으로도 독립했기에, 삼촌은 오늘날까지 입신양명이 젊은이들의 유일한 목표라고 믿는다.

반면에 나는 전형적인 밀레니얼 세대다. 부자가 되겠다는 꿈보다는 차세대 빌 게이츠가 되겠다는 꿈을 꾸며 자랐다. 이전 세대와는 분명 다르다. 빌 게이츠는 분명 부자이기는 하지만, 세상을 바꾸고 컴퓨터 혁명을 일으켜 오늘날 정보 기술의 토대를 닦았다. 내가 깊이 매료된 것은 바로 세상을 바꾸고 발전시켰다는 부분이었다. 기업이라는 기계의 톱니가 되는 대신, 얼마를 벌더라도 사업가가 되고 싶었다.

지난 10년 동안 나는 세대 차이 때문에 삼촌이 바퀴 달린 운동화 아이디어를 묵살했다고 생각했다. 삼촌은 스타트업을 시작하는 건 꿈같은 환상에 불과하다고 믿으며 회사라는 사다리를 오르거나 돈을 많이 벌 수 있는 전문직이 돼야 한다고 생각하신다고 여겼다.

그런데 삼촌이 거절한 이유가 정말 세대 차이 때문이었을까? 거절당하기 도전을 하며 다른 사람의 생각이나 동기(미용사 도전을 생각해보라!)를 함부로 추측하는 일이 얼마나 위험한지 깨달았다. 삼촌의 거절은 10년도 전의 일이었지만 나는 그 이유를 설명해달라고 한 적이 없었다. 그저 삼촌은 내가 환상을 쫓고 있다고 생각했기 때문이라고 추측했을 뿐이었다.

그래서 삼촌께 전화를 걸어 물어봐야겠다고 생각했다. 이 전화는 걸기가 정말 힘들었다. 아니, 굉장히 불편했다. 그렇지만 객석 가득 찬 관중들에게 내 얘기를 들어보라고 할 수 있을 정도라면 삼촌에게 내 아이디어를 거절한 이유를 물을 수도 있지 않겠는가. 나는 거절당하기 도전에서 배운 용기와 평정심을 끌어모아 전화번호를 눌렀다.

삼촌은 내 질문에 조금 놀라신 것 같았다.

"글쎄다." 잠깐 멈추었다 다시 말을 이었다.

"그 아이디어가 마음에 들지 않았었다. 사업성이 없다고 생각한 거지."

"잠깐만요. 사업가가 되겠다는 제 꿈이 비현실적이고 허무맹랑하다고 생각해서가 아니고요?" 내가 물었다.

"그래." 삼촌은 진지하게 대답했다.

"네가 포부가 큰 녀석이란게 얼마나 흐뭇했는데. 비현실적일 때도 있었지만 원대한 꿈을 꾸는 게 대견했지. 하지만 그 아이디어는 별로였어. 내 생각에는."

삼촌께 이유를 직접 듣고 나자, 안심이 되면서도 다소 맥이 빠졌다. 아주 오랫동안 나는 삼촌이 어떤 원칙에 따라 거절했다고 생각해왔다. 나를 능력도 부족한데 환상만 좇는 무책임하고 비현실적인 녀석으로 여긴다고 생각했던 것이다. 오랫동안 이런 생각을 품고 있었다. 하지만 내 생각은 틀렸다. 삼촌은 내가 보여드린 바로 그 아이디어가 끌리지 않아서 거절했다. 삼촌이 좋아하거나 이해할 수 있는 아이디어였다면 선뜻 찬성하셨을 것이다.

그 순간, 좀 더 어릴 때 거절당하기 도전을 했더라면 좋았을 거라는 생각이 들었다. 대학교에 거절당하기 실습 혹은 거절당하기 입문 같은 과정이 있었더라면, 지금껏 깨달았던 원칙을 배웠을 텐데. 그랬더라면 이렇게 거절의 의미를 오해해서 깊이 상처받지는 않았겠지. 어쩌면 내 인생의 방향이 달라졌을지도 모르겠다. 로저 애덤스 대신 내가 힐리스의 최초 발명자가 됐을 수도 있었으리라.

지금 깨달은 것을 그때 알았더라면 굉장히 다른 방식으로 거절을 다루었을 것이다. 그리고 거절당하기에 대한 중요한 교훈을 목록으로 만들어, 부정적인 생각에 사로잡히지 않았을 것이다.

거절은 상호 작용이다

거절이나 승낙은 아이디어나 제품에 대한 객관적 진리가 아니다. 내 경우, 삼촌의 말씀을 진리로 받아들여 너무 일찍 포기하고 말았다.

거절은 의견에 불과하다

거절은 거절하는 쪽의 생각이다. 삼촌은 내가 좋은 아이디어가 많은 사람이지만, 그 아이디어는 그리 좋지 않다고 생각하셨다. 변호사인 삼촌은 바퀴 달린 신발의 잠재적 고객층에 대해 잘 모르셨던 것이다. 삼촌의 의견은 틀렸다. 설사 삼촌이 스티브 잡스 같은 천재라 하더라도 잘못 판단할 수 있다. 스티브 잡스도 여러 차례 잘못된 판단을 했던 것처럼 말이다.

거절에는 횟수가 있다

나는 그 아이디어에 대해 삼촌 외의 다른 사람들에게 물어볼 수도 있었다. 힐리스의 성공으로 미루어 보아, 내 아이디어를 좋아하는 사람들도 있었을 테고 그러면 아이디어를 실행에 옮길 용기를 얻어 다음 단계로 진행했을 수도 있다.

헤어지기 전에 이유를 물어라

한참 지난 지금이 아닌 그때 이유를 물었다면 일이 어떻게 됐을지 누가 알겠는가? 하지만 나는 고통스러워하며 내 감정에 갇혔고, 지금까지 삼촌이 거절한 진짜 이유를 알지 못했다.

도망치지 말고, 물러나라

나는 일단 물러난 후 진짜 운동화에 바퀴를 넣은 모델을 만들어 다시 보여주는 등 다른 방향에서 아이디어를 개진할 수도 있었다. 하지만 패잔병처럼 정신없이 도망치고 말았다.

논쟁하지 말고, 협력하라

삼촌의 아이들이 내 발명품을 사용하는 모습을 상상해보라고 했더라면, 삼촌을 협력자로 돌릴 수도 있었을 것이다. 내 아이디어가 실제로 구현되는 모습을 그려보라는 것은 내 자신감을 보여줄 수 있는 행동이다.

포기하지 말고, 전환하라

내 목표는 아이디어맨이 아닌 사업가였다. 따라서 꿈을 포기하는 대신, 전혀 새로운 아이디어로 전환해 다시 접근할 수도 있었다.

동기 부여

거절을 동기 유발의 도구로 삼을 수도 있었다. 어떻게든 아이디어를 추진하면서 내가 이 일을 해낼 수 있으며 삼촌의 판단이 틀렸음을 입증할 수도 있었다. 내가 성공하면 삼촌도 자식을 사랑하는 보통의 아버지처럼 자신의 판단이 잘못됐음을 행복하게 받아들였을 것이다.

자기계발

삼촌의 거절을 처음의 청사진을 개선하는 계기로 삼아, 보다 실용적으로 개선해 다시 보여주며 다른 의견을 구할 수도 있었다.

가치를 찾아라

거절을 내 아이디어가 보편적이지 않고 창조적이라는 신호로 받아들일 수도 있었다.

좀 더 단단해져라

마지막으로, 거절을 나 자신을 단단히 다지는 계기로 삼을 수도 있었다.

가족의 거절은 미래의 고객이나 투자자의 거절을 대비하기에 좋은 예비 단계다. '삼촌이 거절했을 때도 포기하지 않았는데, 다른 사람이 거절했다고 해서 포기할 이유가 있나?' 이런 식으로 말이다.

거절은 두려운 것이 아니다.

바퀴 달린 운동화 아이디어의 경우, 나는 최악의 선택을 했다. 내가 사랑하고 존경하는 사람이 내 아이디어를 탐탁지 않게 여긴다는 이유만으로, 단 한 번의 거절에 실행을 밀어붙이지 못한 것이다.

어째서 단번에 승낙받아야 한다고 생각했을까? 그때는 거의 모든 면에서 승낙, 찬성, 확신을 받고 싶었다. 진로 결정 같은 큰일부터 뭘 먹을까 하는 사소한 일까지. '그래', '계속해', '나도 그렇게 생각해', '좋은 생각이네' 같은 말들은 마약과도 같아서, 스스로 쉽게 결정내릴 수 있는 상황에서도 이런 말들을 찾았다.

거절당하기 도전을 하는 동안 받은 수천 통의 메일을 보니, 매사 승낙을 구하는 것은 비단 나만의 문제가 아니라 일종의 전염병 같다는 생각이 들었다. 어쩌면 어린 시절부터 부모님의 바람대로 하면 찬성과 칭찬을 받는 반면, 부모님의 뜻을 거스르면 꾸짖음과 거절을 당하는 경험 때문인지도 모르겠다. 아니면 내가 속한 사회나 조직에서 다른 사람들이 나를 좋아하고 인정해줘야 한다는 압박감을 느껴서였을 수도 있고, 선조로부터 유전적으로 찬성을 갈망하고 거절을 두려워하는 성향을 물려받았기 때문일 수도 있다. 원인이야 어쨌든 끊임없이 승낙을 갈망하면 진정한 자신을 잃게 된다. 행복하고 자신감 넘치고 세련되고 멋진 사람이라는 허울을 써야만 다른 사람에게 인정받는다고 느낄 수도 있다. 그래서 긴 시간 자신의 마음과 다르게 행동하면 어느새 진정한 자신과는 다른 사람이 돼, 대통령, 로켓 과학자, 예술가, 음악가, 혹은 차세대 빌 게이츠가 되고 싶던 내면의 어린아이를 잃고 만다.

우리에게 진정 필요한 것은 다른 사람의 승낙이 아니라 자기 자신의 승낙이다. 나 자신과 편안해지는 것은 다른 사람에게 승낙을 받기 전의 전제 조건이다(승낙의 결과가 아니다). 우리는 모두 자신에게 승낙받기에 충분하다.

1 **자유로이 질문하라** : 거절과 비난을 두려워하면, 원하는 것을 편하게 요청하지 못한다. 일단 첫걸음을 내딛으면 놀라운 일이 벌어질 것이다.

2 **정말 필요한 건 자기 자신의 승낙이다** : 인간은 끊임없이 타인에게서 승낙을 구한다. 하지만 가장 먼저 승낙받아야 할 사람은 바로 자기 자신이다.

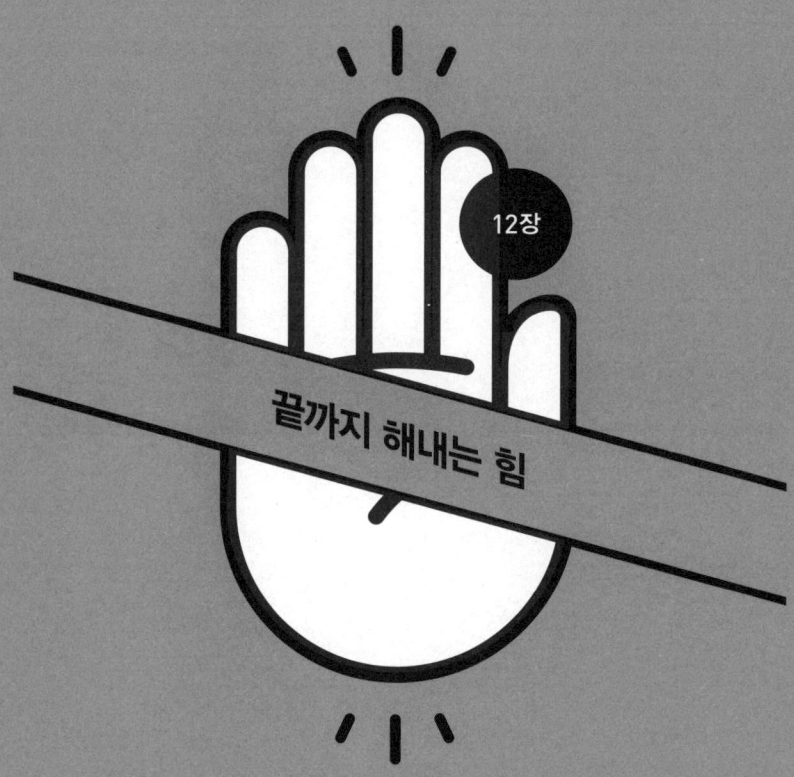

거절의 두려움에서 벗어나 내면의 자유를 찾는 것이 100일간 거절당하기 도전의 가장 큰 부분이었다. 하지만 그 이상의 일을 해야 했고, 또한 행동할 필요가 있었다. 어쨌거나 나는 철학자나 자기계발 구루가 아닌, 사업가를 꿈꾸는 사람이니까. 단순한 사업가가 아니라, 내가 만든 것으로 더 나은 세상을 만드는 데 기여하는 사업가가 되고 싶었다. 그런데, 도전에서 깨달은 원칙이 바깥세상의 목표를 달성하는 데도 적용된다는 사실에 적잖이 놀랐다.

최악의 세일즈맨이 되다

사우스바이사우스웨스트콘퍼런스The South by Southwest Conference는 오스틴 시내에서 매년 1주일이 넘게 열리는 대규모 음악, 영화, 테크놀로지 행사다. 수천 개의 스타트업이 웹 사이트, 발명품, 앱을 홍보하기 위해 모여든다. 모두들 열정적으로 설득하고 기념품도 주면서 최고의 세일즈 기술을 발휘한다.

그런데 최악의 세일즈맨이 되면 어떨까. 설명은 자신감 있지만 판매하려는 노력은 기울이지 않는 것이다. 자신이 판매하는 것에 대해 모르지는 않지만 전적으로 중립적인 입장을 취하는 세일즈맨을 사람들은 어떻게 생각할까?

오스틴 컨벤션센터를 돌아보니, 대학생으로 보이는 여자 둘이 팸플릿 뭉치를 들고 전시장 구석에 앉아있었다. 지루한 표정에 쭈뼛거리는 태도로 보아, 자신들이 홍보하는 것에 자신감이나 흥미는 없어 보였다. 그들에게 다가가 물어보니, 자신들은 텍사스대학교의 학생인데 팸플릿을 나눠주며 기업의 테크놀로지를 설명해서 웹 사이트 등록을 권하도록 어느 스타트업에 고용됐다고 했다. 내가 팸플릿 배포를 도와주겠다고 하니 그들의 얼굴이 환해졌다. 이보다 행복할 수는 없다는 표정이었다.

팸플릿 뭉치를 들고, 최악의 세일즈맨되기 실험에 나섰다. 다음 행사 참석을 기다리거나 잠깐 쉬고 있는 사람들에게 다가가 "뭘 좀 홍보해도 되겠습니까?"라고 물으며 대화를 시도했다. 그리고는 다른 홍보 요원에게 팸플릿을 받아오기만 한 거라 제품이 얼마나 좋은지는 잘 모르며, 당신이 팸플릿을 받거나 웹 사이트를 방문하는 데 그다지 관심도 없다고 말했다. 하지만 나는 굉장히 똑바로 서서 시선을 맞추고 환한 미소를 지으며 자신감 있게 말했다. 친절하고 편안하면서 강요하지 않는 태도였다.

사람들의 반응은 다양했다. 한 남자는 폭소를 터뜨리며 팸플릿을 가져

가지 않았고, 어떤 여자는 나를 떼어 내려고 건성으로 "네, 그렇죠"라고 대답했다. 제품 사용법을 묻는 사람이 있어 그와 함께 알아보기도 했다. 비슷한 제품을 홍보하던 한 여자는 내가 홍보하는 제품이 자신의 것과 기본적으로 똑같다며, 그 자리에서 웹 사이트에 접속해 자신의 제품과 비교하면서 이길 방법을 찾았다. 믿어지지 않게도, 팸플릿을 받아가며 내가 홍보하는 제품이 자신이 찾던 바로 그런 제품이라고 하는 사람도 있었다. 그녀는 자신의 노트북에 웹 사이트 주소를 쳐서 사이트를 훑어보고는 흥분된 목소리로 "바로 이거에요!"라고 외쳤다. 며칠 굶은 사람에게 따끈따끈한 피자를 배달해준 기분이었다.

대략 열 명 정도에게 팸플릿을 나눠줬는데, 받아간 사람은 다섯 명, 내 앞에서 회원 가입한 사람은 두 명, 그리고 나머지 셋은 거절했다.

이 도전에서 나는 두 가지를 알게 됐다.

첫째, 전에 알지 못했던 영업의 단면을 경험했다. 사실 지금껏 영업은 일종의 설득 기술이라고 생각했다. 승낙과 거절은 전적으로 자신의 커뮤니케이션 기술에 달렸다고 생각했다. 그런데 제품에 대해 잘 알지 못하고 판매에도 관심 없는 최악의 세일즈맨이 되니, 누군가는 휙 지나갔지만 어떤 이는 제품에 대한 관심 때문에 나를 붙잡기도 했다. 이 경험으로 승낙과 거절은 일차적으로는 상대방의 상황에 달려있다는 생각을 확고히 하게 됐다.

또한 마케팅과 영업에 대한 시각도 바뀌었다. 영업의 성공이 온전히 세일즈맨 개인의 역량에 달렸다는 생각은 단편적이고 비논리적이었다. 중요한 것은 고객의 니즈와 제안의 내용이 얼마나 일치하느냐였다. 그런 점에서 영업에서의 거절은 내 서비스가 필요하지 않거나 원치 않는 사람들을 거르는 순기능을 한다. 훌륭한 세일즈맨은 에스키모에게도 얼음을 판다고들 한다. 그런데 어째서 펄펄 끓는 열기에 죽을 지경인 사람들을 찾지 않는가? 에스키모에게 얼음을 팔아야 할 상황이라면, 라스베이거스에서 휴가를 즐기는 사람을 찾는 게 어떨까? 그런 사람들이라면 캐나다나 알래스카에 사는 사람보다 훨씬 좋아할 텐데 말이다.

두 번째로 알게 된 것은 나 자신에 대해서다. 나는 결과에 무관했고 고객을 설득하고 만족시켜야 한다는 압박감을 느끼지 않았기 때문에, 100퍼센트 솔직히 소신껏 말할 수 있었다. 그래서 자신감도 충만했다. 무엇보다 중요한 사실은 즐거웠다는 것이다. 몇몇 사람들은 내 긍정적인 기운을 느끼고 이에 반응했다.

내가 접근한 사람들은 대부분 하루 종일 각종 시연회나 예정에 없던 미팅 등 수많은 홍보 요원에 시달린 상태였다. 그들에게 나는 홍보 요원이라고 밝히며, 단도직입적으로 속내를 솔직히 털어놓았다. 장담컨대 이런 식으로 대화를 시작하는 세일즈맨은 없을 것이다. 이렇게 솔직하게 접근하니 내 기분도 상쾌했고, 상대방도 마찬가지였다. 블로그에서 내 세일즈 동영상을 보는 사람들 역시 그 기운을 느꼈다.

'홍보 좀 해도 될까요?'라는 말만으로 하루가 즐거워졌다. 솔직함 그 자체. 멋지다. — TheReinmira

완전 새로운 마케팅 전략이다. :D — Irrational Action

내가 새로운 영업 기술을 발견한 세일즈 구루라도 됐다는 말이 아니다. 하지만 세일즈 테크닉을 배우는 데 집중하기에 앞서, 먼저 두려움을 극복하고 즐거움을 찾으면 다른 세일즈 테크닉을 활용하는 것은 물론이고 모든 게 더 쉬워질 것이다.

결과를 따로 떼어 생각하기

불교, 힌두교를 비롯한 여러 종교와 철학에서는 초연함, 일어나거나 일어나지 않은 일을 개인적으로 받아들이지 말라는 개념을 설파한다. 카르마 요가의 《바가바드기타》에서는 "집착을 버림으로써 열반에 이를 수 있다"고 하며, 노자는 《도덕경》에서 "다른 사람의 인정에 연연한다면 이에 얽매이게 된다. 한 걸음 물러나 자신의 길을 가는 것만이 평온을 얻는 유일한 길이다"라고 했다. 《영혼을 위한 닭고기

수프》의 저자인 잭 캔필드는 《석세스 프린서플》에서 "높은 목표를 세우되 결과에 집착하지 마라"고 강조했다.

초연함은 열정이나 아이디어는 아니지만, 거절당할 가능성과 결과를 자신과 분리하는 데 도움이 된다. 하지만 결과에 초연하기란 쉽지도 않고 바람직하게 여겨지지도 않는다. 많은 사람들은 사회나 비즈니스의 결과, 특히 단기적이거나 즉각적으로 결과를 내는 것에 관심을 가지며, 결과는 자신을 평가하는 유일한 요소라고 여긴다. 세일즈맨들은 다른 세일즈맨들과의 영업 성과를 수치로 비교해 성공을 판단하고, CEO들은 분기 수익 보고서로, 과학자들은 발표한 논문 수로 평가받는다. 링크드인에서 사용자들의 온라인 프로필을 분석한 연구에 따르면, '결과 지향적인'이라는 말을 사람들이 가장 많이 사용하는 것으로 드러났다. 이것이 고용주들이 가장 선호하는 가치라고 믿기 때문이다. 그리고 그들의 생각은 대체로 맞았다.

하지만 결과 지향적인 것에는 근시안적인 행동 이상의 의미가 있다. 결과 지향적 행동은 자신에게 도움이 되는 피드백을 받아들일 준비가 되지 않았다는 것을 뜻하며, 결국에는 더 나쁜 결과를 초래한다. ==나는 도전을 하며, 내가 통제할 수 있는 일과 없는 일을 명확히 구분하기 시작했다.== 처음에는 사람들의 반응이나 나에 대한 인식처럼 내가 통제할 수 없는 것들을 걱정하며, 극도로 긴장해서 부정적인 에너지를 발산하곤 했다. 나중에는 시선 맞추기, 이유를 묻고 경청하기, 거절당한 후 곧바로 달아나지 않기 등 내가 통제할 수 있는 것에만 온전히 집중하면서 자신감이 생겨나 도전했던 모든 일에 좋은 결과를 얻을 수 있었다. 이제 처음 보는 이에게 접근하거나 잘 모르는 일에 도전하는 것이 두렵지 않다.

　UCLA를 11년간 열 번이나 NCAA 우승으로 이끌었던 전설적인 농구 감독 존 우든은 단 한 번도 선수들에게 승패에 대해 이야기하지 않았다. 승리를 염두에 두어야 할 사람은 자신뿐이라고 생각했다. 선수들을 결과가 아닌 노력으로 평가했다. 상대팀을 이겼는지가 아니라 완벽히 준비된 상태로 경기에 최선을 다했는지 여부로 판단했다. 내가 거절당하기 도전에서 깨달은 것도 이와 같다. 결과를 걱정하지 말고 최선을 다하라. 설령 목표가 불가능하리만치 높아 보여도.

오바마 인터뷰하기부터
구글에 취업하기까지

　도전이 끝나갈 때가 되자 멋지게 끝내야 한다는 압박감이 슬슬 올라왔다. 많은 사람들이 100번째 도전에 대해서 물었다. 그때마다 아직 모르겠다고 대답했다. '오프라 윈프리와 함께 시간 보내기는 어떨까?' 하는 생각이 들기도 했지만 확신이 서지 않았다. 그때까지는 아무 두려움이 없었다. 결과에 연연하지 않으니, 언제든 누구에게든 요청할 수 있었다. 하지만 100번째 도전은 좀 더 대단한 걸로 하고 싶었다.

그래서 아이디어를 적기 시작했다.

- 오프라 윈프리와 이야기를 나누거나 〈엘런 디제너러스 쇼〉 같은 인기 토크 쇼에 나가기
- 오바마 대통령을 인터뷰하거나 그와 농구하기
- 록 스타와 파티하기
- KKK단에 신조를 친親다양성으로 바꿔달라고 요청하기
- 악명 높은 웨스트버러 침례교회 신도들에게 다른 사람과 세상에 좋은 메시지를 전해달라고 요구하기

그리고 이 리스트를 온라인 투표에 올려, 이웃들은 내가 어떤 도전에 나섰으면 좋겠는지 물었다. 절대 다수가 오바마 대통령 인터뷰하기에 투표했다. 그도 그럴 것이 세계에서 가장 유명한 인물 아닌가.

그래서 공략 계획을 세워봤다. 오바마의 레이더에 걸릴 정도로 소셜미디어에 도배를 해볼까. 동영상을 트위터와 유튜브에 올려 관심을 받은 뒤 탄원을 하면 수천 명이 서명하지 않을까.

결론부터 말하자면, 이 중 아무것도 하지 않았다. 유명 인물과 어울려 시간을 보낸다는 건 나에게 아무 의미가 없었다. 이미 공중파 방송에 출연했고, 내가 가장 좋아하는 작가와 유명 경영인도 만났다. 무엇보다 결국은 홍보 활동밖에 되지 않는 일에 모든 노력을 쏟아붓고 싶지 않았다.

내 팔로워들은 "큰 성공을 거두라"며 압박했는데, 그들의 지지를 얻고 싶은 마음을 억눌러야 했다.

그래서 오바마 만나기 작전은 그만두고 새로운 도전을 찾아 나섰다. 100번째 도전은 현실적인 문제를 해결하는 것이었으면 했다. 보통 사람들이 일상에서 부딪치는, 실제로 누군가의 인생을 바꿔놓을만한 것 말이다.

그리고 그 누군가가 내 아내였으면 했다. 사업가가 되겠다고 직장을 그만둔 후 트레이시는 내 든든한 지원군이었다. 그녀가 없었더라면 거절당하기 블로그를 시작하기도 전에 포기하고 말았을 것이다. 아니, 그녀의 지지가 없었더라면 모든 걸 시작할 수도 없었다. 그래서 나는 매일 밤 이렇게 멋진 여자와 결혼했다는 사실을 신께 감사드리며 잠자리에 들었다.

트레이시에게도 그녀만의 직업적 꿈이 있었다. 그녀가 내 꿈을 이루도록 도왔듯, 거절을 당하며 깨달은 기술을 적용해 그녀의 꿈을 이루도록 돕는 것이야말로 100일간의 도전을 마무리하는 완벽한 방법이라고 생각했다.

그래서 어느 날 밤 그녀에게 물어보았다. "당신은 지구상 어느 회사에서든 일할 수 있다면 어디서 일하고 싶어?" 그러자 그녀는 한 치의 망설임도 없이 곧바로 "구글!"이라고 대답했다.

트레이시가 구글에 입사하는 걸 도와볼까? 전력투구할만한 동기가 생겼다. 나는 이 아이디어가 마음에 들었다. 여러 이유가 있었다.

첫째, 굉장히 어렵다. 구글은 테마파크 같은 사옥에서 푸짐한 간식, 상주 마사지사와 배구장 등 온갖 특전으로 직원들에게 훌륭한 환경을 만들어주는 기업으로, 매년 포천지 선정 미국에서 일하기 좋은 직장 1위에 꼽힌다. 이런 매력에 끌려 매년 수백만 명이 입사 지원을 하니 굉장히 뽑히기 힘들다. 구글 입사 확률은 0.5퍼센트로, 하버드대학교 입학보다 열 배는 어렵다. 구글에 입사하기 위해서 트레이시는 적어도 200명의 지원자를 물리쳐야 한다.

둘째, 사람이 살면서 가장 많이 거절당하는 때는 바로 직장을 구할 때다. 내가 깨달은 원칙을 이용해 트레이시가 거절에 발목 잡히지 않고 구글에 입사할 수 있도록 돕는다면, 그야말로 궁극적인 거절당하기 도전이 되지 않겠는가.

셋째, 트레이시는 이직이 절실히 필요한 상황이었다. 뛰어난 성과를 거두고 동료들에게도 인정을 받고 있었지만, 업계가 불황이라 그녀의 상사와 가까운 친구를 비롯해 많은 동료들이 정리 해고를 당했다. 다음에 무슨 일이 일어날지 모르는 위태로운 분위기에서 마음을 다잡기 힘들다. 트레이시에게는 커리어 전환이 절실히 필요했다.

그래서 이것을 내 마지막 도전으로 하기로 했다. 트레이시가 구글에 입사할 수 있도록 돕는 일에 전력을 다할 것이다. 우리는 이 프로젝트를 픽사 애니메이션 〈니모를 찾아서〉를 따라 '구글을 찾아서'라고 이름 붙였다.

사실 두려운 제안이었다. 기업을 세우는 것만큼이나 구글 입사는 대충

해서 될 일이 아니었기 때문이다. 프로젝트에 전념하기 위해 트레이시는 위험도 감수해야 했다. 우리는 트레이시가 현재 직장을 그만두고 새로운 직장을 찾는 데 온전히 집중해야 한다고 의견 일치를 보았다. 시간이 소모되고 위험하지만 재밌는 도전이 될 것이다. 재정 상황과 감정적인 부분을 고려해, 트레이시가 스타트업을 시작하라며 나에게 준 시간과 똑같이 구글을 찾아서 프로젝트도 6개월의 시간을 갖기로 했다.

구직은 승낙과 거절이 반복되며 감정 소모가 심한 큰 프로젝트다. 그래서 우리는 인적 네트워크 관리, 이력서 교정, 입사 지원서 작성, 면접 준비 등 그녀가 통제할 수 있는 일부터 정리한 뒤, 인맥을 통해 요청한 결과, 면접 기회 갖기, 인터뷰에서 자신과 통하는 사람 만나기, 일자리 제안 받기 등 그녀가 통제할 수 없는 일을 정리했다. 우리는 최선의 노력을 기울이되 결과에 초연하기라는 핵심을 고수하기로 했다.

트레이시는 매일 끈질기게 자신이 통제할 수 있는 일에 집중했다. 학교 동문, 전 동료, 전혀 모르는 사람을 막론하고 전·현직 구글 직원들과 통화했다. 그녀는 자신의 목적을 솔직히 밝히며 그들에게 자신이 구글에서 일자리를 얻을 수 있도록 도와달라고 요청했다. 그리고 솔직히 부탁하면 사람들이 얼마나 친절히 도움을 주는지 금세 깨달았다. 그녀가 한 요청의 절반은 전화 통화로 이루어졌다.

그들과 대화하면서 트레이시는 사람들이 좋아할법한 사람처럼 굴지 않고 철저히 자신다움을 유지했다. 어떤 사람들은 그녀의 이런 태도를 마음에 들어하며 돕고 싶다는 의사를 밝혀왔다. 물론 그렇지 않은 사람들도 있었다. 트레이시는 불쾌한 통화나 회신 없는 메일에 상처받지 않으려 애쓰며 당장의 일에 집중한 덕분에 자기다움을 유지할 수 있었다.

그리고 얼마 지나지 않아, 구글 채용 담당자에게서 인터뷰 요청을 받기 시작했다. 통화했던 구글러들의 추천 덕분이었다. 화상 면접은 먼저 채용 담당자와 진행한 뒤, 지원 부서의 관리자, 그다음에는 동료들의 순서로 이어졌다. 트레이시는 이 면접을 열심히 준비했다. 면접에서 우리는 평정심을 유지하며 최선을 다할 수 있도록 여러 번 반복해서 연습했다. 하지만 그녀는 계속해서 실패했다. 한 달 사이, 트레이시는 세 개의 다른 포지션에서 모두 다른 이유로 거절당했다. 구글은 면접 불합격 사유에 대해 구체적인 피드백을 주지 않는다. 트레이시의 답변이 마음에 들지 않았거나, 그 자리에 적합한 경력이 없기 때문이라고 추측할 뿐이었다.

거절은 사람의 감정에 큰 충격을 안긴다. 따라서 내가 최우선으로 생각한 일은 트레이시가 결과에 부정적인 영향을 받지 않도록 하는 것이었다. 그래서 거절의 긍정적인 면들을 강조하며 이렇게 말했다. "거절의 경험을 허비해선 안 돼." 그녀는 거절을 피드백, 깨달음의 도구, 계속 도전할 동기로 삼으며 나아갔다.

트레이시는 이내 거절당하기 전문가가 됐다. 이제 두세 번 거절이 이어져 내가 트레이시보다 더 동요하자, 오히려 그녀가 나를 진정시키는 수준

이 됐다. 사실 그녀를 보호해야 한다는 생각에 몇몇 불합격 이유에는 격분했다. 그녀가 질문에 정확히 대답하지 못했다니 무슨 뜻인가? 그녀가 경험이 없다면 애초에 인터뷰는 왜 한 거야?

"진정해." 트레이시가 브라이언을 재울 때처럼 부드러운 목소리로 말했다. "거절은 의견에 불과하다며. 기억해? 나와 상관없는 그들의 생각이라고 했잖아. 그렇지?" 와, 대체 누가 누굴 가르치는 거지?

그리고 마침내 네 번째 인터뷰 기회가 왔다. 이번에는 트레이시의 경력과 완벽히 맞는 직무였고, 전화 인터뷰도 훌륭히 해냈다. 구글은 현장 인터뷰를 하러 캘리포니아의 마운틴뷰에 있는 본사로 오라고 했다. 그곳에서 그녀는 팀 전체와 대면했다. 모두들 각자 질문거리를 준비해서 그녀의 경력과 특기에 대해 꼼꼼히 질문했다. 그녀는 녹초가 돼 돌아와, 제대로 해냈는지 도통 모르겠다고 고백했다. 면접관들에게서 신호를 읽어내려 애썼지만, 아무것도 알아낼 수 없었다.

그녀에게 물었다. "제시간에 도착했어?" 그녀는 그렇다고 했다. "모든 질문에 최선을 다해 대답했어?" 마찬가지로 그렇다고 했다. "그러면 걱정할 것 없겠네. 당신이 통제할 수 있는 모든 걸 잘 해낸 거잖아. 그러면 성공이지!" 내가 그녀를 안심시켰다.

1주일 후, 트레이시는 채용 담당자에게서 메일을 받았다. 우리는 함께 열어 봤다. 너무도 익숙한 내용이었다. "인터뷰하러 와주셔서 감사드립니다. 불행히도 다른 쪽으로 결정을 내렸습니다……."

또다시 거절이었다.

"뭐, 적어도 이번에는 회신이라도 빨랐잖아." 트레이시가 웃으려 애쓰며 말했다. 지금껏 그녀는 수백 번 면접 지원을 했고, 수없이 많이 전화 인터뷰를 하고 네 번의 공식 인터뷰를 했다. 그리고 자신이 통제할 수 있는 모든 것에 집중하고, 그렇지 못한 것은 그대로 두었다. 하지만 지금껏 거절을 야기한 것은 그녀가 통제할 수 없던 요소들이었다.

나는 애써 실망을 감추며 제안했다. "잠시 휴식기를 갖자. 당신 너무 열심히 매달렸잖아. 좀 즐겨도 돼. 계속된 거절을 축하하자고."

그날 밤, 트레이시가 직장을 그만둔 후 처음으로 데이트를 나갔다. 우리는 거절을 위해 몇 번이고 축배를 들었다. 하지만 내심 가슴이 아팠다. 트레이시가 합격하기를 간절히 바랐기 때문이다. 거절당하는 사람이 내가 사랑하는 사람이 되니, 거절 방어력을 발휘하기가 굉장히 어려웠다.

이틀 후, 트레이시와 나는 그녀의 일자리 찾기 프로젝트를 재개하기 위해 도서관에 갔다. 가는 길에 그녀에게 커피를 사주려고 스타벅스에 들렀다. 커피를 들고 차로 돌아오니 트레이시는 통화 중이었다. 세상에서 가장 차가운 눈이라도 녹일 수 있을 만큼 환한 미소를 짓고 있었다. 내가 막 문을 열었을 때 그녀는 통화를 마쳤다.

그녀가 아까보다 더 환한 미소를 짓고 눈물을 글썽이며 나를 바라보았다. "구글이 마음을 바꾸었대. 방금 일자리를 제안했어!"

내가 그다음에 무슨 말을 했는지는 기억나지 않는다. 아주 오랫동안 그녀를 끌어안았다는 것만 기억난다. 그리고 자랑스러움에 기쁨의 눈물이 흘렀다.

거절은 정말 의견에 불과하다. 그것은 너무도 미약해서 쉽게 바뀔 수 있다. 또한 거절에는 횟수가 있다. 트레이시의 경우, 그 횟수는 네 번이었다. 우리는 400번쯤으로 느껴졌지만 말이다.

나중에 트레이시에게 일자리를 찾아준 구글 채용 담당자와 이야기 나눴는데, 그는 먼저 내가 알고 있는 경쟁률을 정정했다. 수백 명이 아니라 수천 명이 지원한다는 것이다. 그런데 트레이시의 생각이 뇌리를 떠나지 않았다고 했다. "트레이시는 전 직장에서 높은 성과를 이루었어요. 하지만 현실적이고 겸손했지요. 또한 내게 조언을 구하고 신뢰를 보냈어요. 이런 행동에 채용 담당자로서 깊은 인상을 받았습니다."

처음 거절에 대해 그는 다음과 같이 설명했다. "인터뷰한 이들 모두가 그녀를 좋아했어요. 하지만 몇 가지 이유 때문에 채용하지 않기로 결정했지요. 제 자신도 그 결과에 적잖이 영향을 받아서 메일을 쓸 때 기분이 좋지 않았어요. 그런데도 그녀는 좋은 쪽으로 받아들이더군요. 이런 결과를 이렇게 긍정적으로 받아들이는 사람은 한 번도 본 적이 없었어요. 단 한 번도요. 그리고 이렇게까지 말하더군요. '제게 적합한 다른 직무가 생기면 저를 떠올려주세요.' 거절당한 뒤에도 이렇게 말하는 걸 보니 그녀가 얼마나 구글에서 일하고 싶어 하는지 와 닿더군요. 그게 가슴 아파서 그녀를 지원하고 싶었습니다."

그래서 얼마 지나지 않아 채용 담당자는 채용 중이었던 팀을 찾아가 직무에 맞는 사람을 찾았는지 물었다. 그들이 아니라고 하자, 그는 트레이시를 재고해보라고 했다. "그때까지 수많은 사람을 인터뷰했지만, 아직까지 트레이시를 능가할 사람을 찾지 못한 상황이었습니다. 결국 지금껏 인터뷰했던 사람들을 되짚어보고 트레이시를 뽑기로 한 거죠. 채용 담당자로 일하면서 이런 일은 처음이었어요. 트레이시는 모든 사람을 친절하게 대하라는 교훈을 줬습니다. 상대가 거절했을 때조차도 말이죠." 그가 설명했다.

돌이켜 생각하면, 구글에 입사하는 것은 굉장히 어렵지만, 전혀 불가능한 일은 아니다. 어쨌거나 구글에는 수만 명의 직원이 있는데, 그들 모두 어떤 식으로든 입사한 것이 아닌가. 게다가 트레이시는 자신의 분야에서 성과를 입증한 전문가였다. 따라서 그녀 혼자, 자신의 일자리 찾기 방법을 통해서도 구글에 착륙할 가능성은 충분했다.

오바마 만나기나 록 스타와 파티하기가 100일간 거절당하기 도전을 마무리하기에 보다 극적이었을 수도 있다. 하지만 이번 경험을 무엇과도 바꾸지 않을 것이다. 내가 깨달은 모든 교훈을 총동원해 어느 멋진 여성이 꿈을 이루는 것을 도왔다. 나에게 이보다 큰 보상은 없었다.

1 **결과에 초연하라** : 노력이나 행동처럼 자신이 통제 가능한 요소에 집중하고 승낙이나 거절처럼 자신이 통제할 수 없는 결과는 별개로 생각한다면, 결국 더 큰 성공을 이룰 수 있다.

에필로그

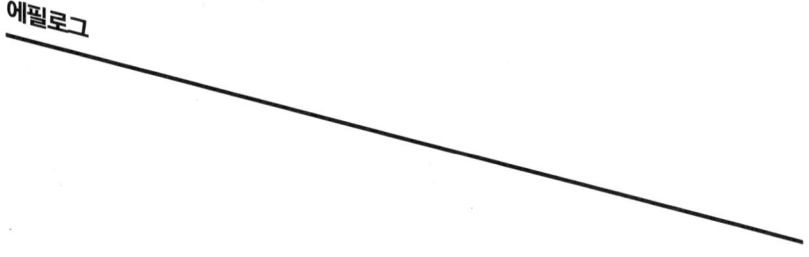

　100일간 거절당하기 도전을 돌아보니, 그야말로 대변환의 여정이었다. 두려움을 극복하고 깨달음과 지혜를 얻었으며 새로운 자유와 힘을 찾았다. 또한 새로운 일상이 시작됐다.

　트레이시가 꿈의 직장 구글에 일자리를 얻은 지 두 달 후, 우리는 오스틴에서 실리콘 밸리로 이사했고 트레이시는 새 직장 생활을 시작했다. 그녀는 매일 일터에서 보거나 만든 놀라운 테크놀로지에 활력을 얻어 집으로 돌아왔다.

　나는 어린이집에 아들 브라이언을 맡기고 데려오는 일을 맡으며, 우리 이야기를 들려주고 내 깨달음을 공유하는 이 책을 썼다. 그동안 더 많은 거절당하기 도전을 해왔다. 평소에도 갑자기 지나가는 사람에게 신발 끈을 다시 묶어줘도 되냐고 묻거나, 길 가다 만난 이에게 트위터 계정을 묻거나, 수영장에서 나와 함께 다이빙하자고 요청하기도 했다. 내게 편안한 범위를 계속해서 확장하고, 지금껏 갈고닦은 거절을 다루는 기술을 녹슬

게 하고 싶지 않았기 때문이다.

　자신이 원하는 것을 요구하거나 모두가 반대할 때 옳다고 생각하는 일을 하는 용기는, 타고나는 것이 아니라 후천적인 노력으로 습득되는 것이다. 이는 근육과도 같다. 단단하게 만들기 위해서는 꾸준히 운동해야 한다. 그러지 않으면 점차 약해지고 위축된다. 그래서 나는 용기라는 근육을 단련하고, 강한 정신을 유지하고, 자신감을 북돋우기 위한 방법으로 거절당하기 도전을 이어간다.

　이 과정에서 오래전 잃었던 무언가를 찾은 기분이었다. 토머스 에디슨의 전기를 읽고, 빌 게이츠를 우상으로 삼아 자신의 가족에게 스물다섯 살 전에 마이크로소프트를 사버리겠다고 맹세하는 편지를 쓰던 베이징의 꼬마가 기억나는가? 온갖 가능성을 꿈꾸며 아무도 밟지 않은 눈밭을 걸어가던 그 아이도 떠오르는가?

　그 아이가 돌아왔다. 사실, 그 아이는 한 번도 나를 떠난 적 없었다. 두려움에 겹겹이 덮여있었을 뿐이다. 하지만 내가 가장 두려워하는 것을 포용해 극복하니, 새로운 인생의 사명을 찾게 됐다. 사업가가 되겠다는 열망을 가능한 많은 사람을 돕는 데 쏟기로 했다. 그러려면 더 많은 청사진을 그리고, 더 많은 의견을 듣고, 더 많은 사람을 고용하고, 더 많은 투자를 유치하고, 무엇보다 더 많은 거절을 겪어야 한다. 이번에는 더 이상 두려워하지 않는다는 것이 다르다. 오히려 호기심이 동하고 흥분되기까지 한다. 자신에게 닥친 거절에 끝까지 맞서고 다른 사람이 극복하는 걸 도움으로써, 더 이상 우리가 거절을 두려워하지 않게 된다면 얼마나 많은 꿈들이 이루어지고, 멋진 아이디어들이 실현되고, 러브 스토리가 이뤄질까. 무엇보다 나는, 세상, 그러니까 당신이 그러한 일을 해내도록 돕고 싶다. 우리 모두에게 거절 방어력이 생긴다면, 세상은 더 살기 좋은 곳이 되지 않을까?

거절 방어력이 있는 세상은 살아가기에 멋진 곳이다. 이 책이 당신을 포함한 많은 사람을 그러한 세상으로 인도하기를 바란다. 그리고 원대한 꿈과 목표를 갖고 있지만 두려움에 억눌린 사람을 만난다면, 이 책을 그들과 공유해달라. 분명 도움이 될 것이다.

그래도 두려움을 벗어던질 수 없다면, 그냥 도넛 한 박스만 사보라.

언제나 효과가 있을테니 말이다.

부록
거절의 두려움을 극복하는 데 도움이 되는 팁들

거절의 새로운 모습을 보다

1. **거절은 상호 작용이다** : 거절은 양측의 상호 작용이다. 거절당하는 쪽보다는 거절하는 쪽이 더 말을 많이하기는 하지만, 거절의 이유를 보편적 진리나 유일한 판단 기준으로 삼아서는 안 된다.
2. **거절은 의견에 불과하다** : 거절은 거절하는 사람의 의견일 뿐이다. 이는 역사적 맥락이나 문화적 차이, 심리적 요인에 크게 영향받는다. 따라서 전 세계 모든 사람에게 거절당하거나 수용되는 제안은 없다.
3. **거절에는 횟수가 있다** : 거절당하는 데에도 횟수가 있다. 충분히 거절을 겪었다면, 한 번쯤은 거절이 승낙으로 바뀌기도 한다.

포기하지 않는 것의 힘

1 **헤어지기 전에 이유를 물어라** : 상대방이 거절해도 일단 대화를 이어가라. '왜'는 거절의 숨은 이유를 밝히고 거절당한 이에게 문제 해결의 열쇠를 주는 마법의 단어다.
2 **도망치지 말고 물러나라** : 거절당해도 포기하지 말고, 물러나 한 단계 낮은 요청을 해보라. 이번에는 승낙받을 가능성이 훨씬 높아질 것이다.
3 **논쟁하지 말고 협력하라** : 거절한 사람과 절대 논쟁하지 마라. 대신, 요청을 받아줄 수 있는 사람과 협력하라.
4 **포기하지 말고 전환하라** : 그만둘지 말지 결정하기 전에, 한 걸음 물러나 다른 사람이나 다른 환경 혹은 다른 조건으로 다시 요청하라.

YES를 잘 받아내는 법

1 **이유를 설명하라** : 이유를 설명하면 승낙받을 가능성이 훨씬 높아진다.
2 **'나'로 시작하라** : '나'라는 주어로 시작하는 것이 상대방에게 요청에 대한 진정한 통제권을 주는 것이다. 잘 알지도 못하면서 상대의 관심사를 헤아려주는 척 마라.
3 **의심을 인정하라** : 당신의 요청에 거절할 수 있음을 상대방 앞에서 인정하면 신뢰를 얻을 수 있다.
4 **적합한 상대를 선정하라** : 보다 수용적인 상대를 선택하면 승낙받을 가능성이 커진다.

단호하게 NO라고 말하는 법

1 **인내와 존중** : 거절은 받아들이기 힘든 메시지다. 적절한 태도로 자신의 뜻을 말한다면 분노를 완화할 수 있다. 절대 거절당하는 이를 과소평가하지 말라.

2 **단도직입적으로 말하라** : 먼저 거절의사를 밝힌 뒤 이유를 설명하라. 장황하고 난해하게 돌려 말하지 말라.

3 **대안을 제시하라** : 승낙하거나 쉽게 양해할법한 대안을 제시하면, 비록 거절하더라도 상대방을 내 편으로 만들 수 있다.

거절에도 좋은 점이 있다

1 **동기 부여** : 거절은 성취욕에 불붙이는 가장 큰 동기가 된다.

2 **자기계발** : 거절을 아이디어나 제품을 개선하는 효과적인 방법으로 이용하라.

3 **거절당할 가치** : 때로는 거절당해도 괜찮다. 특히 대중의 의견이 집단이나 관습적인 사고에 크게 영향받는 환경에서 아이디어가 굉장히 창의적이라면 더욱 그렇다.

4 **단단한 나 만들기** : 힘든 환경에서 거절을 당해보면, 더 큰 목표를 향해 달려갈 강한 정신을 얻을 수 있다.

모든 일에 의미를 찾아라

1 **공감하기** : 거절은 세상 모든 사람들과 공유할 수 있는 경험이다. 거절과 고통의 경험을 공유하면 다른 사람을 공감하고 이해할 수 있다.
2 **가치 찾기** : 끊임없이 거절당하다 보면 자신의 결심과 신념의 정도를 파악할 수 있다. 위대한 승리는 대부분 속이 뒤집어지는 거절을 당한 뒤에 찾아온다.
3 **사명감을 찾아라** : 때로 인생에서 가장 가혹한 거절이 새로운 시작이나 사명을 가지라는 신호일 수도 있다.

결국 자기 자신의 문제다

1 **자유로이 질문하라** : 거절과 비난을 두려워하면, 원하는 것을 편하게 요청하지 못한다. 일단 첫걸음을 내딛으면 놀라운 일이 벌어질 것이다.
2 **자신을 받아들여라** : 인간은 끊임없이 타인에게서 승낙을 구한다. 하지만 가장 먼저 승낙받아야 할 사람은 바로 자기 자신이다.

끝까지 해내는 힘

1 **결과에 초연하라** : 노력이나 행동처럼 자신이 통제 가능한 요소에 집중하고 승낙이나 거절처럼 자신이 통제할 수 없는 결과는 별개로 생각한다면, 결국 더 큰 성공을 이룰 수 있다.